동행사계 同行四季

| 태종호 시집 |

춘하추동이 뚜렷한 금수강산을 무대로
그 오묘한 계절의 조화 속에서
행운을 누리며 살았기에…

한누리미디어

● 서시

사계절과 동행하며

자연이란 참으로 위대하다
볼수록 느낄수록 생각할수록
신비롭고 경이롭다
그뿐 아니라 우리 삶에
무궁무진한 수혜受惠를 베푼다

인간은 태초太初부터
자연과 함께 살아왔다

그 섭리攝理에 따라
그 품에서 태어나 순응하며
희로애락喜怒哀樂을 체험하면서
요람에서 무덤까지
대대로 순환되어 살았다

우리 민족은 춘하추동이 뚜렷한
금수강산을 무대로
그 오묘한 계절의 조화 속에서
행운을 누리며 살았기에
무한한 축복祝福이라 생각한다
그저 위대한 자연 앞에
고맙고 감사할 따름이다

차례

● 서시 · 6

1부 봄 · 봄꽃의 향연

봄날의 단상 · 1 _ 14 | 봄날의 단상 · 2 _ 15 | 봄눈 · 1 _ 16
봄눈 · 2 _ 17 | 입춘을 맞으며 _ 18 | 봄 오는 길목 _ 19
정월대보름 _ 20 | 여주 청옥 _ 21 | 오월의 장미 _ 22
봄나들이 · 1 _ 23 | 봄나들이 · 2 _ 24 | 봄나들이 · 3 _ 25
초파일의 용문사 _ 26 | 봄꽃의 향연 _ 28 | 봄비 · 1 _ 31
봄비 · 2 _ 32 | 봄 · 1 _ 34 | 봄 · 2 _ 35 | 이름 없는 꽃 _ 36
찬란한 아침 _ 37 | 민들레의 꿈 _ 38 | 오월 연가 _ 39
붓꽃 _ 40 | 매화 _ 41 | 봄이라 하네 _ 42 | 잃어버린 봄날 _ 43
초봄의 함성 _ 44 | 매화가 지네 _ 45 | 장미축제 · 1 _ 46
장미축제 · 2 _ 47 | 3월의 봄볕 _ 48 | 벚꽃 천사 _ 49
낙화를 보며 _ 50 | 오월의 첫날 _ 51 | 오월의 우울한 오후 _ 52
새로운 시작 _ 53 | 춘래불사춘 _ 54 | 지는 벚꽃을 보며 _ 56
사랑의 노래 _ 57 | 오월의 山河 _ 58 | 괴물 산불 _ 59
그대 떠나지 마오 _ 60 | 봄의 서곡 _ 61
그대 왜 가진 것이 없다 하는가 _ 62 | 내 사랑 목련화 _ 64
4군자－매화 _ 65

2부 여름·여름 예찬

자연과 인간 _ 68 | 경동시장 25時 _ 70 | 낙화·1 _ 72
낙화·2 _ 73 | 낙화·3 _ 74 | 하얀 나비 _ 76
여름에 덥다고 탓하지 마라 _ 77 | 호박꽃 _ 78
여름에 오는 비 _ 79 | 거미의 수레 _ 80 | 비 개인 휴일 _ 81
참나리꽃 _ 82 | 거룩한 의식 _ 84 | 여름휴가 _ 86 | 한 생각 _ 87
여름 예찬 _ 88 | 순천만의 여름 _ 90 | 길 위에 놓인 케익 _ 91
여름날의 편지 _ 92 | 한여름의 정취 _ 93 | 한여름 밤의 꿈 _ 94
칠월의 단상 _ 96 | 불암산 여름 등정 _ 97 | 어린 날의 초상 _ 98
밤꽃향기 _ 99 | 소통의 미학 _ 100 | 물의 정원 _ 102
우중의 연꽃 정원 _ 103 | 화계사의 여름 _ 104 | 회상 _ 106
잠 못 드는 밤 _ 107 | 공연할 기회는 단 한 번뿐인데 _ 108
4군자-난초 _ 110

차례

3부 가을 · 만추소묘

코스모스 _ 112 | 단풍예찬 _ 113 | 동행 _ 114 | 가을산 _ 116
낙엽 _ 117 | 예송원의 밤 _ 118 | 입추 지난 밤 _ 121
은행잎이 쏟아지는 오후 _ 122 | 까치밥 _ 124
서울대공원역 2번 출입구 지붕 위의 비둘기 _ 125
매실나무 위 호박 두 덩이 _ 126 | 안면도 연가 _ 128
초가을 상현달 _ 129 | 억새의 노래 _ 130 | 가을 예찬 _ 131
원중회고·1 _ 132 | 원중회고·2 _ 134 | 원중회고·3 _ 136
풀벌레 소리 _ 138 | 만추소묘·1 _ 139 | 만추소묘·2 _ 140
만추소묘·3 _ 141 | 만추소묘·4 _ 142 | 만추소묘·5 _ 144
억새꽃 _ 145 | 금강산 예찬 _ 146 | 만추 산행 _ 149
가을볕 _ 150 | 가을 전령 _ 151 | 가을의 정취 _ 152
불타는 이 가을을 _ 153 | 단 한 번의 시간 여행 _ 154
얼굴 점 빼는 날 _ 155 | 추래불사추 _ 156 | 익어가는 가을 _ 158
구름과 인생 _ 160 | 가을은 _ 161 | 청풍호반의 정취 _ 162
가을을 타는 나에게 _ 164 | 감을 감으로 딴다고 하네 _ 167
4군자-국화 _ 168

4부 겨울 · 겨울산자락

청설모의 겨울양식 _ 170 | 초설 _ 171 | 겨울산자락 _ 172
세모 _ 173 | 겨울바람 _ 174 | 독감 _ 175 | 함박눈 _ 176
겨울밤 기차 가는 소리에 _ 177 | 겨울 산의 기도 _ 178
아직은 눈이 내릴 때가 아닙니다 _ 180 | 겨울 사색 _ 182
세월 _ 183 | 초겨울 단상 _ 184 | 찬바람 부는 날 밤에 _ 185
새벽에 만난 사람들 _ 186 | 얼음 속에 갇힌 삶 _ 188
또 다른 세상 _ 190 | 동지 _ 191 | 겨울 동백 _ 192
한겨울에 내리는 비 _ 193 | 12월의 기도 _ 194
한겨울 밤의 기도 _ 195 | 겨울 포장마차 _ 196
나의 소확행 _ 197 | 어제와 오늘 그리고 내일 _ 202
겨울밤의 추억 _ 203 | 눈꽃세상 _ 204 | 겨울철 행복론 _ 206
진정한 사랑 _ 208 | 그 고개에는 지금도 토끼가 살고 있을까 _ 210
4군자—대나무 _ 212

눈부신 5월,
창공에는 구름 한 점 없고
진초록으로 물든 산과 들엔 윤기가 흐른다

뒷동산 감나무에선 연한 감꽃들이
부드러운 몸짓으로 무심히 흩날리고

아지랑이 가물거리는 넓은 들녘엔
샛노란 유채꽃이 바람 따라 춤을 춘다
- <봄날의 단상·2> 일부

1부

봄 | 봄꽃의 향연

봄날의 단상斷想 · 1

꽃피고 새 지저귀는 봄날
이 화창한 좋은 날에

나는 칙칙한 책 냄새가 배어 있는
지하 서재에서 수백 년 전
사람들과 대화를 나눈다

그 시절 그 사람들의
목숨보다 더 절실했던 가치들과
오늘의 내가 추구하는 가치들을
같은 심정으로 서로 묻고 있는 것이다

세월이 또 몇 백 년이 흘러서
그 때의 사람들이
오늘 나의 고심苦心에 대해
어떤 생각을 할는지 그건 나도 모른다

창밖에서는
새들이 여전히 지저귀고 있다

*2013년 癸巳年 4월 21일
봄날 서재에서

봄날의 단상斷想 · 2

눈부신 5월,
창공에는 구름 한 점 없고
진초록으로 물든 산과 들엔 윤기가 흐른다

뒷동산 감나무에선 연한 감꽃들이
부드러운 몸짓으로 무심히 흩날리고

아지랑이 가물거리는 넓은 들녘엔
샛노란 유채꽃이 바람 따라 춤을 춘다

초여름 맑은 계곡의 청아한 물소리는
구불구불 솔밭 사이를 꿈길처럼 흐르는데

호젓한 고갯마루 오솔길
활짝 핀 아카시아 꽃이
달콤한 향기 내뿜으며 벌 나비를 유혹하니

길손은 가던 걸음 멈추고
코끝으로 스며드는 꽃향기를 맡으며
애틋한 옛 생각에 젖는다

*2017년 丁酉年 5월 14일
　고향 가는 길 고갯마루에서

봄눈 春雪 · 1

눈이 내린다
봄눈이 내린다

눈인 듯 비인 듯
가만가만 내린다

새싹이 놀랄까 봐
내리면서 녹는다

온종일 내렸는데
흔적도 없다

*2019년 己亥年 2월 12일 봄눈 내리는 날

봄눈 春雪 · 2

봄눈이 내리네
행여 잊혀질까 봐
백설의 존재를 각인시키듯
진하게 내리네

봄눈이 내리네
봄이 더 깊어지기 전
움트는 새싹들을 시샘하듯
심통을 부리네

봄눈이 그쳤네
잠시 철없는 투정을 부려서
미안하다는 듯이
서둘러 떠나네

*2025년 乙巳年 3월 18일 봄눈 오는 날

입춘을 맞으며

언 땅이 지천인데 입춘立春이라니

언제부터였을까
지축地軸을 맴돌며 호시탐탐
삼복三伏을 향한
첫걸음을 시작한 날이

동지冬至일까 소한小寒일까
아닐 것이다

천지天地가 열린 그날부터
모든 계절이 입춘立春을 향해
한 걸음 한 걸음씩
충성스럽게 달려왔느니

오늘 맞이한 입춘立春은
그들의 환희歡喜의 결승점이자
또 다른 출발선出發線에 선
대장정大長程의 첫 걸음이려니

*2015년 乙未年 2월 4일
立春을 맞으며

봄 오는 길목

안개 피어오르는 들녘
아직은 추운데

푸석한 땅에서는
짙은 흙냄새가 풍기고

잔설 덮인 먼 산엔
겨울잠 깬 수목들이

지나가는 들바람에게
꽃소식을 묻는다

*2015년 乙未年 2월 22일 이른 봄 아침나절에

정월대보름

빛바랜 흑백사진처럼 추억으로만 남은
고향 초가집 그리운 어린 시절

마을은 잔잔한 호수처럼 고요하고
전설 같은 이야기가 줄줄이 이어지던
꿈결 같은 그리운 그 시절

할머니 어머니의 보름맞이는 언제나
범접할 수 없는 성스러운 의식이었네

오곡밥에 묵은 나물, 이명주에 두부 쌈,
부럼 깨고 더위 팔고 농악놀이에 지신밟기

각성바지 밥 얻어먹으려 동네 한바퀴 돌고
논두렁마다 쥐불놀이는 밤새는 줄 몰랐네

둥근 보름달이 뜨면 깜박이는 눈동자들은
소박한 꿈을 담아 소원을 빌고 또 빌었었네

*2015년 乙未年 3월 5일 정월대보름날 밤에

여주驪州 청옥淸玉

여주驪州 고을 기름진 터에
청옥淸玉이 자리하니
그 빛 세상에 퍼져
청자靑磁 백자白磁 더 빛나고

천년을 이어 온
신륵사神勒寺 종소리가
삼라만상森羅萬象 일깨우니

남한강南漢江 물결들도
봉미산鳳尾山 수목들도
장단 맞춰 화답하고

감고당感古堂 옛터에는
명성황후明成皇后 고운 숨결
구석구석 배어있네

*2015년 乙未年 5월 9일 고대 김청옥 교우 초청 여주 방문길에

오월의 장미

서둘러 새봄을 알리고서
등촉 밝히고 저버린
백목련 꽃나무 잎새 사이로

새빨간 장미꽃 송이들이
이젠 내 차례라고
여기저기 앞 다투어 필 즈음이면

하얀 구름 사이로
수줍게 고개 내민 조각달이
장미를 연모하여 훔쳐보는
오월의 한낮

나비도 장미꽃 향기에 취해
분주히 넘나돌고
그들의 유희를 본 나도
눈을 감고 옛 추억에 젖는다

*2015년 乙未年 5월 20일 망중한을 즐기며

봄나들이 · 1
– 윤중로와 원미산

오전엔 여의도의 윤중로에서
오후엔 부천고을 원미산에서

벚꽃 향기에 취하고
진달래꽃 향기에 취해서

흰색과 분홍색을
구별하지 못하겠네

파도처럼 밀려오는
수많은 상춘객들
옷 색깔도 눈부시고 화려해

무지개가 땅으로 내려온 듯
사람들이 꽃으로 피어난 듯

자연과 사람이 하나가 되어
흥겨운 노래를 부르고 있네

*2015년 乙未年 4월 11일 아내와 함께한 봄나들이에서

봄나들이 · 2
- 노원 불빛정원

따스한 봄볕의 유혹에 이끌려 나선
태릉 화랑대역 불빛정원엔
남녀노소의 그치지 않는 웃음소리

비행기를 날리며 즐거워하는 아이들
유모차마다 아기들의 맑은 눈동자

어린 손자의 자전거를 붙들고
함께 뛰는 할머니의 흐뭇한 미소

기저귀 가방을 앞가슴에 매달고
아들을 목말 태운 아빠도 싱글벙글

지팡이를 든 고령의 할아버지도
얼굴에는 함박웃음이 가득

아! 아낌없이 차별도 없이
무한정으로 나누어 주는 봄볕 아래서

마음껏 휴일을 즐기고 있는 이곳은
화합과 평화와 행복의 전당이어라

*2024년 甲辰年 4월 6일
노원 불빛정원에서

봄나들이 · 3
— 양재천良才川의 봄

청명淸明이라 좋은 날
양재천良才川을 걷노라니

새하얀 벚꽃과
샛노란 개나리가
혼인婚姻날 신랑신부 같구나

맑은 하늘은 인자한 시아버지
양재천은 자상한 친정어머니
꽃구경 나온 사람들은
하객賀客들이 되어

신랑신부가 천생연분처럼
너무 곱고 잘 어울린다고
감탄사를 쏟아내니

대모산도 구룡산도
연분홍 진달래꽃 불을 밝혀서
축하祝賀해 주고 있구나

*2024년 甲辰年 4월 4일
서울 양재천에서

초파일의 용문사 龍門寺

수려한 용문산 자락에
보일 듯 말 듯 깊숙이 자리하여
고고한 향기 고이 간직한
천년고찰 용문사

이른 꼭두새벽부터
사바세계 중생들 걸음을 재촉하며
용의 품안으로 들기 위해
비탈길을 오르고 또 오른다

부처님의 가르침을 배우고
탄일을 축하하려는 일념으로
지루한 고행 길을 마다하지 않는데
용의 친견은 그리 호락하지가 않다

단아한 대웅전 기와지붕과
천년이 된 은행나무를 지나서야
일주문을 들어설 수 있다

고대하던 용문에 들어서자

오색 창연한 연등들이 주렁주렁

남녀노소가 한데 어울려
아침예불 개금의식 관불의식을
차례대로 치르며 마음을 정화하고

탑을 돌고 돌며 간절한 마음으로
가족건강, 국태민안, 조국통일,
세계평화 지성으로 발원하고

해탈한 듯 개운한 마음으로
용의 품속에서 벗어나오니
아! 여기가 바로 사바세계로구나

*2015년 乙未年 5월 25일 불기 2559주년 석탄일에

봄꽃의 향연

봄의 전령 매화가 잔설 위에서
그윽한 향내를 풍기면
그제야 잠을 깬 개나리가 서둘러
울타리마다 샛노란 물결을 이루고
목련이 백색 자색 빛나는 등불을 켜면
화려한 봄꽃의 향연이 시작된다

철쭉 봉오리가 돋아나는 자리에
옥잠화도 제비꽃도 민들레도
덩달아 함께 싹을 틔우는데
꽃샘바람이 한바탕 심술을 부리니
매화는 사방으로 눈비 되어 흩날린다

아지랑이 피어오르는 한낮
벌들은 꽃을 찾아 쉼 없이 날아들고
코끝으로 스며드는 라일락 향기는
후각을 자극하며 아늑한 꿈길로 인도한다

감나무 새순 올라오는 소리가 들려
가만히 귀 기울이는데

목련화는 무에 그리도 급한지
허공에 여운을 남긴 채
눈물방울처럼 뚝뚝 떨어져 내린다

그러나 봄의 향연은 이제부터가 절정이다
향연의 주연을 맡은 벚꽃을 앞세우고
배꽃, 복숭아꽃, 유채꽃과 각색 꽃들이
남쪽으로부터 밀물처럼 몰려와
오색 창연한 꽃들의 경연이 시작된다

온 천지에 만화방창萬化方暢 화려한 꽃들이
연일 쉼 없이 무대에 올라
제각각 황홀한 연기를 펼치면서
단숨에 관객의 마음을 점령해 버린다

그때서야 끈질긴 생명력을 자랑하던
개나리는 젊은 친구들을 위해
오래 차지했던 자리를 내어주고
살며시 자취를 감추니
화려하게 치장한 진달래와 철쭉이

산과 들을 마음껏 희롱한다

한 시절을 풍미하던 이들마저
무대에서 퇴장을 서두를 즈음이면
이글거리는 햇빛을 조명삼아
도도하게 무대에 오른 장미가
제왕으로 등극해 천하를 호령하며
봄꽃의 향연은 서서히 그 막을 내린다

*2016년 丙申年 5월 12일 찬란한 봄을 보내며

봄비 春雨 · 1

겨우내 기다렸던 그님이
살포시 다가와
부드럽게 입맞춤하니

설한풍에 지친 피부
굳어진 뼈마디가 녹아내리고

잠자던 심장이 기지개를 켠다

그 이의 애무는
은밀한 곳까지 파고들어
온몸을 적시더니

새 생명 잉태시키고
살금살금 가시었네

*2016년 丙申年 2월 12일 청계산 이수봉에서 봄비를 맞으며

봄비 春雨 · 2

아직은 추운데 봄비가 내린다
눈 섞인 봄비가 거센 바람과 함께
요란스럽게 내린다

봄비는 소리 없이
가만가만 얌전하게 내려야 제 맛인데
거칠게 내린다고 불평하지 마라

그래도 봄비가 아니냐

눈을 떠서 잘 살펴보아라
메말랐던 대지가 감로수로 화장하고
웃고 있지 않느냐

귀를 열어 잘 들어보아라
땅 밑에서 생명들이 요동치는 소리가
들려오지 않느냐

부드러운 촉감도 포근한 온기도
겨울비와는 사뭇 다르지 않느냐

이 비와 이 바람을 타고
봄의 화신이 꽃다발 한 아름 가슴에 품고
우리를 향해 달려오고 있지 않느냐

*2024년 甲辰年 2월 21일 봄비를 맞으며

봄春 · 1

봄은 기다림이다
우리는 사계四季중 유독
봄을 기다림으로 맞는다

봄은 새로움이다
해마다 돌아오는 봄이건만
봄은 언제나 첫사랑이다

봄은 시작이요 희망이다
새싹이 움트는 봄은
가슴 설레는 꿈의 노래다

봄은 몰래 오는 손님이다
먼 산의 눈 아직인데
봄은 지름길로 먼저 와 있다

*2017년 丁酉年 3월 5일 봄을 기다리며

봄春 · 2

경칩이 다 되도록
비대신 눈만 내려
봄이 때를 잊고 잠이 든 줄 알았는데

찬란한 햇빛이
굽이굽이 산 능선을 타고 와

비둘기 날개 위로
벗나무 가지 사이로
매화 향낭 터트려 온 천지를 깨우니

실개천 버들가지도
흥겹게 춤을 추고
길 가던 나그네도 콧노래를 부르누나

*2025년 乙巳年 2월 25일 봄맞이 산행길에

이름 없는 꽃

화창한 봄날
길을 가던 아이가
활짝 핀 꽃을 보고
저 꽃이 무슨 꽃인지
모르겠다고 한다

그냥 두어라
이름이 상관있으랴
저리 고운 자태로
오솔길을 밝히며
웃고 있지 않느냐

*2017년 丁酉年 3월 30일 길을 가다가

찬란한 아침

춘삼월 이른 아침 뜰에 나서니
어제 못 본 매화가 방긋 웃는다

목련꽃 봉오리는
방울방울 터질 듯이 맺혀 있고

찬바람에 피다가 만 개나리는
따스한 한낮을 기다린다

라일락 초록 빛 새순도
덩달아 다투어 돋아나니

한꺼번에 들이닥친 봄꽃 유희에
봄날의 아침이 찬란하여라

*2017년 丁酉年 3월 20일 이른 아침에

민들레의 꿈

무심코 오고 가는
마을 어귀 길섶에서
민들레가 손짓하네

발걸음도 조심하고
주변도 살피라며
웃음으로 말을 하네

넓게 뻗은 이파리는
큰 꿈을 꾸라 하고
끝없는 낮은 자세
섭리대로 살라 하네

* 2018년 戊戌年 4월 18일 봄날 오리서원 입구에 핀
민들레를 보고

오월五月 연가戀歌

목련이 진 자리
철쭉이 앉았더니
봄바람 한마당에
사월이 가고

라일락 향기가
내 마음 훔치는데
앞산의 꾀꼬리는
어서 와 놀자 하네

장미가 오면
데리고 갈 것이니
풍악을 준비하고
기다리라 달래네

*2018년 戊戌年 5월 3일 광명 오리서원에서

붓꽃

화려한 장미에만
눈이 팔려서

감탄사 연발하며
좋아하다가

돌아서려는 순간
발끝을 보니

샛노란 붓꽃이
배시시 웃고 있다

*2018년 戊戌年 5월 26일 서울대공원에서

매화梅花

엄동의 빙설한파氷雪寒波
오롯이 견뎌내고
나목잔설裸木殘雪 위에
수를 놓은 매화梅花가

고고한 자태姿態
은은한 향기香氣
고절高絶한 풍모風貌로
세상世上을 깨우네

*2020년 庚子年 3월 20일 집 마당에서

봄이라 하네

가파른 산등성이
찬바람 불고
겨울 자취 아직
남아 있는데

곱게 핀 진달래가
활짝 웃으며
봄을 의심치
말라 하네

따스한 햇볕
산새들 노래 소리
장단 맞추며
정말로 봄이라 하네

*2020년 庚子年 3월 24일 산행 중에

잃어버린 봄날

코로나라는 괴물과
싸우다 보니
봄이 왔다 갔는지
흔적도 없네

기다리지 않아도
찾아오는 봄이요
가지 말라 말려도
떠나가는 봄이니

만나지 못한 봄
느끼지 못한 봄

잃어버린 봄날은
후일을 기약하고
여름 손님이나
고이 맞이해야겠네

*2020년 庚子年 5월 10일 마스크 쓰고 걸으며

초봄의 함성

비가 내린다
삼일절에 비가 내린다

초봄에 주룩주룩 내리는
줄기찬 빗소리가

그날의 함성처럼 들린다

뜰에 나가 비를 맞는다

눈가에 맺혀 있는 빗방울 속에
그날의 선열들이 보인다

태극기 물결 속에
대한독립만세 소리 들린다

*2021년 辛丑年 3월 1일 삼일절 아침에

매화梅花가 지네

매화가 지네
매화가 지고 있네
창문을 열면
고고한 기상으로
道를 일깨우던
매화가 지네
봄을 데려다 놓고
매화가 떠나고 있네

매화가 지네
매화가 지고 있네
뜰에 나서면
맑은 향 내뿜으며
禮를 설파하던
매화가 지네
봄바람에 실려서
매화가 날리고 있네

*2021년 辛丑年 3월 22일 떨어지는 매화를 보며

장미축제 · 1

계절의 여왕 오월에
장미의 계절 오월에
서울의 관문 중랑에서 펼쳐지는
화려한 장미꽃 축제마당

장미군단 형형색색 자태 뽐내고
사람들도 천만 송이 장미가 되어
오월의 행복을 느껴요

티 없이 맑은 하늘 아래
끝없이 이어지는 꽃과 사람의 행렬
낭만과 사랑이 넘치는
중랑천변의 서울장미축제

싱그러운 꽃향기 청아한 물소리
사랑하는 임 손잡고
덩굴장미 터널을 걸으며
천년 사랑을 속삭여요

*2022년 壬寅年 5월 20일 수림장미공원에서

장미축제 · 2

오월의 하늘 아래
눈길 닿는 곳마다

송이송이 장미꽃
비단물결 사람꽃

행복으로 가득한
활짝 웃는 얼굴들

장미도 사람 같고
사람도 장미 같은

흥겨운 축제 마당
희망의 화합 마당

*2025년 을사년 5월 장미축제마당에서

3월의 봄볕

따사로운 3월의 봄볕은
만병통치약이다

부실한 고목에도 싹을 틔우고
우중충한 대지를 환하게 채색한다

계곡얼음도 녹여 흐르게 하고
끈끈한 미세먼지도 떨게 한다

3월 봄볕과 함께 걸으면

그 어떤 고질병도
오래 묵은 갈등도
원망도 설움도 좌절도
막혀 있던
지혜와 총명까지도 통하게 하는

불가사의의 보약이다

*2023년 癸卯年 3월 10일 산책을 하며

벚꽃 천사

깊어가는 봄날
호젓한 산길

걷는 걸음걸음마다
보이는 가지가지마다

축복처럼 쏟아지는 벚꽃들이
백설처럼 휘날리는 벚꽃들이

감염된 이 세상에
목마른 이 세상에

행복을 전파하러 온
천사처럼 보이누나

*2023년 癸卯年 4월 3일 봉화산길에서

낙화를 보며

꽃들이 지누나
그리도 곱던 봄꽃들이 지누나
매화도 목련도 벚꽃도 개나리도
하염없이 지누나

꽃들이 지고 나니
청청하게 빛나는 잎들이 보이누나
꽃향기에 취하고 꽃 색깔에 눈멀어
못 본 이파리가 반짝반짝 빛나누나

매혹의 꽃들은
잠깐의 화려함 뒤로 사라지나
저 푸른 잎들은 울울창창 자랄지니
뉘라서 음지 양지 구분하려 하는가

*2023년 癸卯年 4월 10일 공원산책길에

오월의 첫날

사방에 지천으로 피어 있는
봄꽃들이 무색하게
어설프고 굴곡진
사월이 가고

오월의 첫날
햇살은 눈부시고
짙푸르게 치장한 초목들은
앞 다투어 박동소리를 높인다

장미야 어서 나오너라
새들아 채비하고 모여라
계절의 여왕 오월의 첫날을
어찌 그냥 무심히 보내려 하느냐

*2023년 癸卯年 5월 1일 오월을 맞으며

오월의 우울한 오후

양지쪽 담벼락에 기대어
가게에 진열된 막걸리 병을 바라보며
하품을 물고 있는 할아버지 앞으로
한 손에는 지팡이를 짚고
또 한 손에는 계란 한 판을 든
할머니가 위태롭게 지나가고 있다

그 앞 신문가판대에는
울부짖으며 눈물을 흘리고 있는
우크라 소년의 사진이 크게 실려 있고
사거리 건널목에는 상대 당을
원색적으로 비난하는
현수막들이 어지럽게 걸려 있다

그래도 날씨만은 쾌청하다 했는데
갑자기 때 아닌 광풍이 몰아치더니
그런대로 잘 버티고 있던
감나무 고목이 맥없이 떨어져 나가고
이제 갓 돋아난 연초록 감나무 가지도
속절없이 부러져 내리고 있다

*2023년 癸卯年
5월 18일 심란한 오후에

새로운 시작

강추위 오롯이 견디어 내고
봄소식을 알리는 매화처럼

투박한 흙 틈 사이로
연둣빛 싹을 틔우며

새로운 시작을 알리는 생명들

포근하고 아늑한 요람을 떠나
미지의 세계로 들어서며

넘어지고 또 넘어져도
땅 짚고 벌떡 일어나

희망의 등불 밝히고
이 나라의 주인이 될 새내기들

*2024년 甲辰年 3월 4일 초등학교 입학식장에서

춘래불사춘 春來不似春

희뿌연 미세먼지가 시야를 가려
청명한 하늘을 볼 수가 없고

화려한 감언이설만 난분분하니
진실의 소리를 들을 수 없고

날이 갈수록 자극적 냄새만 뿜어대니
본래의 향기를 찾을 수가 없고

온갖 양념들이 뒤섞인 탓에
오래된 깊은 맛을 느낄 수가 없으니

이목구비가 달려 있어도
어찌 제구실을 할 수가 있으리오

봄이 언제 어떻게 왔는지
금강에 꽃은 얼마나 피었는지
동해의 일출은 그대로 찬란한지

개천에 물 흐르는 소리

새들의 정겨운 지저귐마저도
선명함이 사라지고
허공 속 메아리처럼 맴돌고만 있으니

계절은 분명 봄이 되었건만
한반도의 봄은 아직도 기약이 없네

*2024년 甲辰年 3월 15일 안개 낀 봄날에

지는 벚꽃을 보며

작년에 그대와 함께 왔던 곳
바로 그 자리에 서서
벚꽃이 지는 모습을 보니
또 한해가 지난 것을 알겠네

지나간 한해의 여러 일들은
그다지 떠오르질 않는데
그대 머리에 사뿐히 내려앉던
하이얀 벚꽃은 생각이 나네

백설처럼 휘날리는 저 벚꽃은
예년처럼 변함이 없건만
나의 등은 조금 더 굽어지고
그대 얼굴엔 잔주름이 늘었네

*2024년 甲辰年 4월 8일 아내와 봉화산에서

사랑의 노래

핏빛보다 진한 꽃 한 송이
가슴에서 춤을 춘다

심장의 박동도 요동치며
환희의 열락에 젖는다

곽곽한 모래 밭 사막 위에서도
어두운 동굴 속 끝자락에서도

상처와 치유 웃음과 감동
부대끼고 어루만지며

달팽이가 기어가듯
느릿느릿 쉼 없는 여정

애틋한 사랑의 노래는
메아리 되어 울림을 준다

*2024년 甲辰年 5월 8일 어버이날에

오월의 山河

화려한 장미
요염하게 미소 짓고

진초록 나무들
군병처럼 활기차고

겹겹의 능선 따라
떠도는 흰 구름

봄인 듯 여름인 듯
따사로운 햇볕

호수 위 물오리도
앉은 채 졸고 있는

오월의 山河여!
계절의 여왕이여!

*2024년 甲辰年 5월 28일 서울대공원에서

괴물 산불

겨우내 갈증에 시달리던 메마른 대지가

물이 아닌 불씨 하나를 삼키더니
화마로 돌변해 광란의 춤을 춘다

수목도 동물도 사람도 사찰도
평화와 고요까지도
무자비하게 앗아가 버린다

닥치는 대로 집어삼키는 불가사리처럼
도깨비장난처럼 기괴한 마술처럼

한순간에
모든 아름다운 것들을 추물로 바꾸고
처참하게 짓밟아 버린다

신의 징벌이 아닌
인간의 철없는 무지로 인해

*2025년 乙巳年 3월 28일 산불의 폐해를 보고

그대 떠나지 마오

그대여! 4월엔 떠나지 마오

꽃피는 봄이라지만
바람 불고 심술궂은 날씨
어설픈 4월보다는 따뜻한 5월에 떠나요

4월이 가고 5월이 와도
그대여 떠나지 마오

온 산하가 청록색으로 물든
화려한 장미의 계절
사랑이 깃든 가정의 달

이 좋은 날에 어찌
그대를 떠나보낼 수 있으리오
그대가 없다면
계절의 여왕인들 무슨 빛이 있으리오

아! 그대여!
우리 곁을 떠나지 말고
빛나는 오월의 노래 함께 불러요

*2025년 乙巳年 내 생애
잊지 못할 5월 초하루 날

봄의 서곡 序曲

봄은 오고야 말았다
굽이 굽이 열 두 고개를 넘고 넘어
그렇게 오고야 말았다

기나 긴 엄동의 설한풍을 견디며
그리도 애간장을 태우던 봄은
기어이 한순간에 오고야 말았다

눈 녹은 거리거리마다
물오른 가지가지마다
사람들의 걸음걸음마다
생동하는 봄기운이 넘쳐흐른다

훈풍이 삭풍을 잠재우고
꽃대를 세워 꽃을 피우니
삼천리 방방곡곡에
희망의 봄노래가 울려 퍼지고 있다

*2025년 乙巳年 4월 4일 清明節을 맞아

그대 왜 가진 것이 없다 하는가

가진 것이 많은 그대
왜 가진 것이 없다 하는가

사시사철 온기를 쏘여주는 햇볕이 있고
밤마다 어둠을 밝혀주는 달빛이 있고

눈에 다 담을 수 없는 드넓은 바다
산천초목과 수많은 강줄기들
아름다운 꽃들과 그 향기
대지 위를 수놓은 탐스러운 열매
시와 춤과 노래와 서책도 있지 않은가

또 그대에게는
이성적으로 판단하는 머리와
뜨거운 피와 눈물이 있고
멈추지 않고 요동치는 심장과 고귀한 사랑

가진 것이 너무나 많은데
왜 가진 것이 없다 하는가

부와 명예와 권력에 목말라
지천으로 널려있는 진귀한 보물을
그대 가까이에 두고서도 느끼지 못하는가

목이 마르다고 소금물만 연신 들이키면서

아직 오지 않은 가을 단풍을 기다리느라
코앞에 와 있는 봄꽃 향기를 놓친다면
그것은 얼마나 안타까운 일인가

그대여!
다시는 가진 것이 없다고 말하지 말게나

*2025년 乙巳年 3월 15일 좋은 봄날 산책 중에

내 사랑 목련화

봄 오는 길목에
눈부시게 환한 등불이 되어
세상을 밝힌 목련화여

무에 그리 급해서
내 사랑 고백도 하기 전에
서둘러서 지는가

남은 정마저 떨쳐버리려
곱디고운 꽃망울이
진한 피멍울로 지는가

꽃은 비록 졌어도
그 고결한 자취는
내 뇌리에 영원히 살아있네

아! 내 사랑 내 사랑 목련화여

*2025년 乙巳年 5월 1일 나의 아름다운 사람에게

4군자 梅蘭菊竹 ― 매화 梅花

동안거 참선에 들었다가
설한풍 견뎌내고
백설을 품고 피어난 매화가

고고한 자태로
은은한 향기로
인간에게 설파한다

고달픈 인생길 걸어가며
혹독한 시련 견디고
유혹의 손길 뿌리치고

매화 같은 향기로 사랑하고
매화 같은 의지로 살아가라고

*2020년 3월 12일 정원의 매화를 보고

여름날 山河는 청춘이다

그 푸르른 들판
그 싱싱한 초목
그 뜨거운 태양

계곡의 콸콸 흐르는 물줄기
바로 생명의 절정이다

- <여름 예찬> 일부

2부

여름 | 여름 예찬

자연과 인간

한반도의 여름 자연휴양림에는
키가 큰 노송들을 비롯해
밤나무 잣나무 단풍나무 편백나무
온갖 나무들이 어울려
보약 같은 향기를 뿜어내고
새와 매미들까지 불러 모아
풍악까지 울려대니
그야말로 별천지가 따로 없다

그런데 인간들은 자연을
그대로 두고 보지 않는다
그 속살까지 들여다보아야
직성이 풀리는 듯
숲보다 훨씬 높은 철탑을 세우고
원형으로 길을 만들어 돌고 돌아
기어코 꼭대기에 올라
숲을 내려다보며 미소 짓는다

하지만 그 기쁨도 잠시
인간들은 한식경도 못되어서

내려갈 채비를 하며
자연의 위대함을 깨닫게 된다
인간이 어찌 자연을 이기겠는가
한바탕 꿈이고 재롱일 뿐이다
자연의 품에 안겨 순응할 수밖에
없음을 알게 된다

바람도 피하고 더위도 식히고
신선한 공기와 수많은 열매들과
감로수 같은 물을 마시며
자연은 인간에게 모든 것을
아낌없이 준다는 사실을 깨닫고
자연을 우러러 보게 된다
경쟁이란 불경스런 일이고
한없이 고마운 존재임을 알게 된다

*2025년 乙巳年 8월 16일 장태산휴양림에서

경동시장 25時

우울함마저도 사치스럽고
게으름이 죄스러운
치열한 삶의 현장 경동시장 25시

가게와 가게들
사람과 사람들
상품과 상품들
외침과 외침들이 뒤엉켜

일 년을 하루같이
세월의 등에 올라탄 채
미끄러지지 않으려고
발버둥치는 일상들

사람과 사람들
눈동자와 눈동자들이
교차로에서 만나
화합의 마음을 주고받는 곳

눈 속에서 꽃을 피우듯

둥지에서 알을 꺼내듯
수많은 보따리 보따리마다
행복을 가득히 채워가는 곳

*2013년 癸巳年 8월 14일 경동시장에서

낙화落花 · 1

칠흑의 어둠속에 꽃이 진다
여명黎明을 기다리다가 그리도 기다리다가
찬란한 새아침을 못 보고
꽃이 지고 또한 꽃이 진다

몇 송이 남지 않은 순백의 꽃송이가
그윽한 향기 한 번 제대로 뿜어내지 못하고
꽃 멍울을 그대로 품은 채
깜깜한 어둠속에서 소리 없이 지고 있다

매섭고 모진 비바람에도
연약한 줄기를 붙들고 대롱대롱 매달려
허공을 향해 몸부림치던 처연한 꽃송이들이

환한 아침햇살을 기다리다가
그리도 간절히 기다리다가
이슬만 흠뻑 머금은 채
응어리진 한恨 많은 몸짓으로 떨어지고 있다

*2015년 乙未年 초여름 위안부 할머니 부음을 듣고

낙화 落花 · 2

김군자 할머니가 떠났다
삼복 여름 비 오는 날 아침에
한 많은 이승을 등지고
대숲을 스치는 바람처럼 홀연히 떠났다

꽃다운 열일곱 나이에
간악한 일제의 마수에 걸려
독한 시련 견뎌 온 조선의 딸,
김군자 할머니가 오늘 그렇게 떠났다

서른일곱 명 동무들을 남기고
이 나라와 국민들에게
천형처럼 괴롭히던 한을 풀어달라는
엄중한 과제를 남기고 떠났다

그 이름 그대로
군자의 도를 지키고 절의를 지키다가
구순의 고개가 힘에 겨워
그렇게 지고 말았다

*2017년 여름, 김군자 할머니의
 죽음을 애도하며

낙화落花 · 3

4월 19일
민주혁명 기념일에 또 한 송이 꽃이 졌다

일제 강제동원 피해자
나화자 할머니가 세상을 떠났다
아흔두 살의 한 많은 생을
제대로 정리하지도 못한 채 눈을 감았다

꽃 같은 나이 열네 살
꿈 많던 전라도 나주 소녀는
고향산천 부모형제와 생이별하고
일본 "후지코시 도야마" 공장으로
끌려가 혹독한 강제노역에 시달렸다

해방이 되고 정부가 서고
피해보상 소송을 내고 또 내고
2019년 법원은 "후지코시"에게
배상하라는 판결을 내렸건만
최종결말을 보지 못한 채 떠났다

나라가 있는 듯 없는 것 같은
정의가 살아있는 듯 죽은 것 같은
어지러운 이 세상에
맺히고 맺힌 한을 풀지도 못하고
또 한 송이 고결한 꽃이 그렇게 지고 말았다

*2023년 癸卯年 4월 20일 나화자 할머니를 애도하며

하얀 나비

뜨거운 햇볕이 내리쬐는 6월의 한낮
하얀 나비 한 마리가
아까부터 내 주위를 쉼 없이 맴돌고 있다

유난히도 새하얀 저 나비는 어디서 온 것일까?
옛 선열들이 보낸 삼족오三足烏의 화신일까
호국영령들의 통한痛恨의 몸짓일까?

때론 신들린 듯
때론 지친 듯이 허공을 날고 있는
저- 하얀 나비의 춤사위는 무언의 항변인가

아! 나는 알 수가 없다
쓰라린 상처로 얼룩진 서러운 6월에
메마른 목마름으로 붉게 타고 있는 6월에

*2015년 乙未年 6월 6일 현충일 낮에

여름에 덥다고 탓하지 마라

삼복더위 덥다고
탓하지 마라

여름에 덥지 않으면
언제 더우랴

시원한 찬물 한 사발
목을 축이고 나면

선선한 가을바람이
코앞으로 다가와

지난 봄 꽃놀이가
어땠느냐고 묻는다

여름은 덥고
겨울은 춥다

*2015년 乙未年 8월 7일 몹시 더운 여름날

호박꽃

수줍음 타는 여인네처럼
밤엔 곱게 접었다가
아침이면 활짝 웃음 짓는 꽃

넓은 이파리 사이에서
소박한 모습으로
반갑게 손 흔들어 인사하는 꽃

샛노란 넓은 품에는
누구라도 감싸 안을 수 있는
넉넉함이 엿보이고

꽃을 닮아서 열매조차도
탐스러운 여장부의 꽃이여

*2016년 丙申年 6월 11일 아침 마당에 핀 호박꽃을 보고

여름에 오는 비

여름에 내리는 비는
짓궂고 장난기 많은 남자를 닮았다

예고도 없이 찾아와
큰소리로 떠들며 호기를 부리기도 하고

특별한 날에는
칠보로 단장한 귀한 선물로
모두를 환호케 한다

때로는 제 성질을 못 이겨
불같이 노하기도 하고

고집스럽게 지루한 줄다리기를 하며
애를 먹이기도 하지만

그의 본성은 언제나
아낌없이 베푸는 호쾌한 대장부다

*2016년 丙申年 6월 15일 여름비를 맞으며

거미의 수레

뜨겁게 달구어진 삼복의 보도 위를
폐품을 잔뜩 쌓아올린 수레가
삐거덕거리며 가고 있다

그 수레의 주인은 야윌 대로 야윈
한줌 거미 같은 꼬부랑 할머니,

조금 가다가 빈병을 거두어 또 수레에 담는다

저것은 무지인가 과욕인가 삶의 투쟁인가

아니다. 무지도 과욕도 투쟁도 아닌
성스러운 노동이요 삶의 표본이요
진실한 신앙이요 거룩한 가르침이다

나태와 부조리를 질타하는 회초리요
진흙 속에서 꽃피우는 연꽃이다
인간세계를 떠받들어 지켜온 어미의 힘이다

*2016년 丙申年 6월 21일 무거운 수레를 끄는 할머니를 보고

비 개인 휴일

비 그친 산과 들에
햇살 퍼지니

먼지 씻은 나무들
푸른빛 더하고

계곡의 물보라는
돌부리를 닦는다

아이들은 물장난에
해지는 줄 모르고

지저귀는 새소리도
청아하게 들린다

*2017년 丁酉年 7월 16일 일요일 용추계곡에서

참나리꽃

무더위가 시작될 즈음이면
까맣게 잊고 있었던
어린 날 소꿉친구처럼
소식도 없이 살며시 나타나는 꽃

아무도 보아주는 이 없는
후미진 곳에 자리하고
행여나 그냥 지나칠세라
가끔은 목 내밀어 수줍게 인사하는 꽃

육지를 그리는 섬 색시처럼
따가운 햇살 고스란히 받아
검게 그을린 얼굴엔
불타는 정열이 숨어있는 꽃

가슴에 묻어 둔 멍울 같은
까만 열매 대롱대롱 매달고
그리운 사람 올 때까지
다소곳이 고개 숙여 기다리는 꽃

그 점박이 참나리꽃은
지금도 내 마음 속에 남아
할머니 손잡고 외갓집 가던 길
그 산등성이에 여전히 피어 있다

*2016년 丙申年 7월 22일 한여름 아침나절에

거룩한 의식

올해 감이 유난히 많이 열렸다
벌레 하나 없이 주렁주렁 매달려
내심 풍작을 기대했다

여름장마가 시작되자
감이 떨어지기 시작했다
밤낮으로 쉬지 않고 뚝뚝 떨어졌다

매일같이 우울한 마음으로
떨어진 감을 치우며
올 가을엔 홍시 하나
구경도 못하겠구나 생각했다

처서가 지나고 선선한 바람이 일자
감이 떨어짐을 딱 멈추었다
신통해서 감나무를 쳐다보니
아직도 남아있는 감들을 거느리고
감나무는 한들한들 춤을 추고 있었다

그때 알았다

그 많은 감이 떨어진 것은
감당하지 못할 옷들을 벗어 던지는
감나무의 거룩한 의식이었다는 것을

삼라만상 그 누구라도
버거운 욕망에서 벗어나는 의식을
치를 수만 있다면
영혼까지 자유로울 수 있다는 것을

* 2017년 丁酉年 8월 28일 늦여름 오후에

여름휴가

멀고 먼 남쪽 바다로
꿈을 안고 나섰더니

하늘엔 흰 구름 피어
쪽빛 바다를 감싸고

갈매기는 떼를 지어
돛단배를 희롱하네

백사장에 밀려오는
파도소리 들릴락 말락

해송 숲길 걸으며
이야기는 끝이 없고

수평선 태우는 낙조가
인생철학을 설파하네

*2018년 戊戌年 7월 7일 전남 신안 증도 엘도라도에서

한 생각

정수리에 들이붓는
태양열을 맞으며

문풍지조차 떨며 울던
그 밤을 생각하고

군중들의 환호 속에
행복했던 그 순간

동굴 속에 홀로 핀
무명 꽃을 떠올리네

*2019년 己亥年 7월 9일 삼복더위가 기승을 부리는 날에

여름 예찬

여름날 山河는 청춘이다

그 푸르른 들판
그 싱싱한 초목
그 뜨거운 태양

계곡에 콸콸 흐르는 물줄기
바로 생명의 절정이다

봄날은
꽃향기 달콤하지만
낙화의 우울함을 남기고

가을은
풍요와 단풍 눈부시지만
낙엽 진 뒷마당이 쓸쓸하다

우울함도
쓸쓸함도 없는 유쾌한 여름

숲에는 새들의 노래
해변엔 젊음의 향연

느티나무에서 들려오는
우렁찬 매미소리

동화 같은 밤하늘에
무수히 쏟아지는 별똥별

여름철 낭만은 축복이다

*2019년 己亥年 여름 어느 좋은 날에

순천만의 여름

물안개 자욱한 진초록 들녘
막 뿌리를 내린 벼들은
엄마젖 빠는 아기처럼
마음껏 영양분을 흡수하고

산들바람 부는 들판에
고고한 황새 한 마리가
제왕이나 된 것처럼
긴 목 치켜들며 거드름을 피운다

무성한 갈대밭 사이로
마실 나온 짱뚱어는
살찐 몸을 요리조리 뒤틀며
일광욕을 즐기는데

조계산 자락에 나란히 자리 잡은
송광사와 선암사엔
천 년 전 염불소리가
오늘인 듯 들린다

*2020년 庚子年 6월 12일
전라남도 순천만에서

길 위에 놓인 케익

길 위에 촛불을 밝히고
마스크를 쓴 세 여인이 둘러 앉아 있다

케익 위에서 타고 있는 초를 헤아려보니
20대 처녀들인 듯하다

호기심이 발동해 물어보니
대답은 간단했다. 방역 4단계잖아요

퇴근 후 잠깐 만나 길 위에서
친구 생일을 축하해 주고 되돌아가야 한단다

거룩하게 불타는 촛불
친구들의 빛나는 우정
청아한 생일축하 멜로디가

바이러스도 날려버린 채
무더운 여름밤을 아름답게 수놓고 있었다

*2021년 辛丑年 7월 26일 코로나가 기승을 부리던 날 밤에

여름날의 편지

파도가 넘실대는 푸른 바다 위에
한 마리의 나비가 되어

조각배로 노 저어 가며
파도와 싸우는 당신에게
한 티끌의 힘이라도 보태고 싶소

끝없이 펼쳐진 넓은 백사장 위에
한 조각의 구름이 되어

세상 근심 다 짊어지고
모래 위를 걷는 그대에게
한 폭의 그늘막이라도 되고 싶소

뜨거운 햇볕 내리쬐는 벌판 위에
한 줄기의 바람이 되어

삼복의 무더위 속에서도
흔들림 없이 묵묵히 걸어가는 당신
한 뼘의 땀이라도 닦아주고 싶소

*2021년 辛丑年 8월 2일
 무더운 여름 길을 걸으며

한여름의 정취

여름은 젊음의 계절
이마 위로 작렬하는 태양 아래
청춘들의 야망은 불타오르고

눈길 닿는 곳마다 전개되는
싱싱한 진초록의 수목들과
시원스레 쏟아지는 폭포의 물보라는
싱그러운 한여름의 정취

연분홍 배롱나무 꽃그늘 아래
연인들의 사랑이야기는
미로처럼 끝없이 이어지고

수많은 별들이 내려다보는
수영장 가장자리에 앉아
시원한 밤바람 속에 먹는 수박 맛은
영원히 잊지 못할 한여름 밤의 추억

*2022년 壬寅年 7월 20일 한여름 밤에

한여름 밤의 꿈

무더운 여름날 초저녁부터
교활하고 극성스런 모기에게 시달리다가
새벽녘에야 깜빡 잠이 들었는데

망망대해를 항해하던 중 폭풍우를 만나
배는 산산이 부서져 버리고
구사일생 사투를 벌이다 도착한 곳은

아무도 살지 않는
호화롭고 아름다운 견고한 성이었다

나는 그곳 성주가 되어
사람들을 불러 모아 선정을 베풀고
주민들을 안온하게 보호하여
평화를 구가하며 살아가고 있었다

눈길 가는 곳마다 꽃들이 만발하고
거리마다 음악이 흘러 넘쳤으며
먹을 것은 풍족하였기에
사람들의 얼굴에는 모두가 하나같이

행복의 기운으로 가득 차 있었다

그러던 어느 날
갑자기 이민족들이 쳐들어 와서
그동안 심혈을 기울여 가꾸어 온
성을 파괴하고 사람들을 해치려 하매
나는 그들과 맞서 혈투를 벌이던 중

문득 잠을 깨어 보니
모기 한 마리가 나의 손등에 붙어서
비대한 몸짓으로 여유만만하게 피를 빨며
포식을 하고 있었다

* 2021년 辛丑年 8월 26일 무더운 여름날에

칠월의 단상斷想

한해의 반환점을 맞이한 칠월은
게으른 이가 바빠지는 계절
졸전의 전반전을 분석하면서
후반전 묘수 찾기에 돌입하는 달

승부는 후반전부터라며
결사항전의 의지를 보이지만
마음만 급하고 시간은 흘러가고
여기저기서 질책은 쏟아지고

누구는 전반전 알찬 득점으로
한숨 돌리며 여유를 부리지만
누구는 기적의 역전을 꿈꾸며
무리한 작전만 남발하는 칠월

그러나 자연은 또
인생사엔 아무 관심 없다는 듯

태양은 여전히 빛나고
새들은 여전히 한가롭게 지저귀고
연꽃은 여전히 곱게 피어나고
곡식들은 여전히 여물어 가는 칠월

*2023년 癸卯年 7월
초하루를 맞이하며

불암산 여름 등정

이른 아침 서울의 명산들을 둘러보니
산꼭대기마다 구름을 품었구나

나도 어서 불암산 바위에 올라
구름과 함께 놀아보리라 생각하고
서둘러 정상에 올랐는데

구름은 사라져 간곳이 없고
청정한 하늘이 나에게
부처바위 위에서 헛꿈 꾸지 말라 하네

까마귀 두 마리도 곡예비행을 하며
여기서는 우리가 당신네들보다
월등 낫다고 마음껏 희롱하는구나

하산길 불암정에 올라
좋은 사람들과 시원한 산바람 쏘이며
막걸리 한 잔 나누어 마시는 오늘

이 자리가 바로 극락인 걸 내 몰랐구나

*2023년 癸卯年 7월 8일
 불암산 정상에서

어린 날의 초상肖像

가랑비가 소리 없이 내리는 날이면
내 영혼은 모천을 찾는 연어가 된다

고향집 뒤란에 무더기로 피어 있던
하얀 도라지꽃의 우아한 자태

대문 앞 논에서 밤새도록 울어대던
개구리들의 애절한 합창소리

여름방학 때면 좁다란 멍석 위에
숙제장과 감자 몇 알 늘어놓고

가끔씩 우는 뜸북새 소리 들으면서
돌팔매를 날려 새떼를 쫓던 그 시절

소나기라도 후드득 쏟아지는 날이면
새들마저 놀라 날아가 버리고

먼 산 위에 떠오른 무지개를 바라보며
홀로 내 그림자와 술래놀이를 한다

*2024년 甲辰年
6월 14일 가랑비
내리는 날에

밤꽃향기

고향 가는 길
생각만으로도 가슴 벅찬데
짙은 밤꽃향기 차창으로 스며들어
고향에 가기도 전에
고향을 느끼게 하네

그렇지
바로 이 향기가 고향냄새지
세월이 그리 흘렀어도
밤꽃향기는 예나 변함이 없고

그 밤꽃향기 속에는
부모님의 따뜻한 숨결
고향 친구들의 다정한 얼굴
이웃들의 추억이 다 들어가 있지

고향에 가려면 아직도 멀었는데
갈수록 짙어만 가는
밤꽃향기에 취해
고향 품에 안긴 듯 행복하여라

*2024년 甲辰年 6월 14일
 정안휴게소에서

소통疏通의 미학美學

창밖에서
새들이 지저귀는 소리가 요란하다

어떤 새는 명랑하게
어떤 새는 단조롭게
또 다른 새는 애절하게

악기를 연주하듯 열심히 지저귀고 있는데
나는 그들의 말을 알아듣질 못한다

그저 새가 내는 소리로만 느낄 뿐이다

지나가는 트럭에서 들려오는
"고장난 컴퓨터나 가전제품 삽니다"와 같이
바로 알아들을 수만 있다면

그렇게 서로가 통할 수만 있다면

막힌 통로에 물줄기가 흐르듯
작은 틈새마다 공기가 스며들듯

그들과 교감하는 내 마음도
새들의 다양한 지저귐의 의미도
지금보다 훨씬 더 빛을 발할 것이다

*2024년 甲辰年 6월 10일 단옷날 아침에

물의 정원

6월의 연휴 마지막 날
물의 정원은 평화롭다

도로 위에는 웃음 가득 실은
자전거가 행복을 실어 나르고

수평을 이룬 물 위에는
잔잔한 은빛 물결 고요하다

하늘엔 하얀 뭉게구름이
땅에는 요염한 양귀비꽃

물 숲에서는 끝없이 지저귀는
새들의 사랑노래

드넓은 정원 푸른 잔디 위엔
자연과 사람과 생명체들이

서로를 존중하며 공존하는
평화의 전당이어라

*2025년 乙巳年 6월 8일
물의 정원에서

우중의 연꽃 정원

빗방울 머금은 연꽃들
비를 벗 삼은 사람들
연꽃이 사람인지 사람이 연꽃인지
알 수가 없네

장마에 물이 불어나
어디까지가 강이고 어디까지가 땅인지
알 수가 없네

강변의 산들도
산 아래 물이 고였는지 물 위에 산이 떠있는지
알 수가 없네

신비로운 운무도
산이 운무를 품었는지 운무가 산을 품었는지
알 수가 없네

사람과 연꽃과 운무와 강산이
한데 어우러진 위대한 대자연 앞에서

이것은 남한강 물 저것은 북한강 물
애써 가리려 하지 말게나

*2024년 甲辰年 7월 8일
 양평세미원에서

화계사의 여름

매미소리조차 염불처럼 들리는
천년고찰 삼각산 화계사의 여름

맹렬한 태양열을 받아
일주문도 땀을 흘리는 듯 서있고

드넓은 대적광전에선
스님들과 불자들이 가득 모여
부처님의 공덕을 기리고 있다

대웅전과 삼성각 명부전에 경배하고
미륵전에 이르러
더위를 피해 그늘에 앉았는데

머리 위로 떨어지는 감꼭지가
죽비처럼 꾸짖으며 헛된 욕심을
온전히 비우라 한다

따가운 햇볕을 온몸으로 받으며
스님과 보살들이 어울려

호미로 정성껏 꽃밭을 가꾸고

공양간 설거지 봉사를 하는
팔십 노구 보살님의 자애로운 미소는
삼각산 계곡에서 흐르는 청정수보다
더 맑고도 아름다워라

*불기 2568년 2024년 甲辰年 7월 7일 일요일 화계사에서

회상回想

무더운 여름날
하늘로 비상하는 새를 보니
어릴 적 논에서 울던
뜸북새가 생각난다

멋진 오토바이가
도로를 질주하는 것을 보니
할아버지의 낡은
자전거가 떠오르고

초등학교 교정의
울창한 느티나무를 보니
고향마을 뒷산의
등 굽은 소나무가 보인다

도시의 화려한 조명보다
희미하게 가물거리던
사랑방 호롱불빛이
더 정겹게 느껴지는 것은

나이가 들어간다는
무언의 징표가 아닐는지

*2025년 乙巳年 6월
5일 망종芒種날에

잠 못 드는 밤

소서小暑날 저녁 무렵
어둠이 내려앉은 공원에 나갔더니
사람들은 북적거리는데
실바람마저 종적을 감추고

한낮 불볕더위가 잉태시킨
열대야가 제왕처럼 나타나서
오늘밤 잠잘 생각은
꿈도 꾸지 말라고 호령을 하는구나

열대야! 너도 참 딱도 하구나
잠이라도 들어야 꿈이라도 꾸지
잠 못 드는 밤에 무슨 꿈을 꾼다고
생각도 없이 호통만 치고 있느냐

나는 너의 허술함을 이미 알았으니
무더위를 무기로 희롱을 하거나
지지거나 볶거나 괘념치 않고
독서 삼매경 속으로 들어가 보련다

*2025년 乙巳年 7월 7일
잠 못 드는 밤에

공연할 기회는 단 한 번뿐인데

장맛비 그친 하늘에
뭉게구름이 아름답게 피어나
장관을 이루었네

사진을 찍어야지 생각했는데

조금 후에 다시 보니
그 구름은 사라져 버리고
다른 구름이 와서
그 자리를 차지하고 있네

그런데 문득
그 구름이 나일지도 모른다는
생각이 드네

우리 인생도
사라져 버린 그 구름처럼
공연할 기회는 딱 한 번뿐인데

어찌 황금 같은 인생을

헛되이 할 수 있으며

사랑하기에도 시간이 모자라거늘
미워하고 싸울 시간이 어디 있으리

*2025년 乙巳年 7월 21일 버스정류장에서

4군자梅蘭菊竹 — 난초蘭草

난蘭이여!
우아한 자태여!
연한 듯 부드러운 듯
한결같은 지조여!

난蘭이여!
은은한 향기여!
자연의 순수함을 간직한
정갈한 품격이여!

난蘭이여!
고고한 기상이여!
탐욕과 무질서를 꾸짖는
고결한 아름다움이여!

*2021년 辛丑年 8월 12일 서재의 난을 보며

3부

가을 | 만추소묘

코스모스

호젓한 산모퉁이 오솔길에 홀로 서서
기약 없이 떠난 임을 기다리다
목이 아파 고개 숙인 외로운 여인

높고 푸른 비취빛 하늘을 향해
키재기 놀이 하다가 지쳐서
한들한들 춤을 추는 철없는 누이

만국기 펄럭이는 시골학교 운동회 날
새벽이슬 함초롬히 머금은 채
반갑게 인사하는 상냥한 아가씨

설레는 귀향열차 멀리서 나타나면
요란하게 양손을 흔들어서
차창 밖을 보게 하는 고향 어머니

*2014년 甲午年 10월 초순,
코스모스 길을 걸으며

단풍예찬

조물주가 숨겨둔
신비의 물감을
누가 훔쳐다가
산과 들에 뿌렸나

온 세상 수목들이
물감으로 수혈 받고
오색 불꽃이 되어
가을을 태운다

해님도 눈이 부셔
빛을 거두고
달님도 부끄러워
구름 뒤에 숨었네

*2014년 甲午年 10월 29일 내장산에서

동행 同行

고향 품에 안겼다가
서울로 가는 길 밤하늘에

곱게 단장한 초가을 보름달이
나에게 살포시 다가와
길벗 되기를 청한다

우리는 동무 되어
어둠 깔린 고속도로를 함께 달린다

내가 빨리 가면 달도 빨리 오고
내가 휴게소에 들르면
달도 따라와서 기다린다

옛 시인의 노래처럼
달은 마음이 너그러운 친구다
서울이 가까워질 무렵
우리는 의기투합 백년지기가 되었다

작별이 못내 아쉬워서

흐릿한 얼굴로 변한
정든 벗을 차마 보내지 못하고
그냥 집으로 데리고 왔다

*2014년 甲午年 11월 초순 고향에 다녀오며

가을산

가을산은 화려하다
짙은 화장에 비단옷 입고
거드름을 피우는 부잣집 여인이다

매혹의 탱고리듬에 맞추어
격정의 춤을 추는 정열의 여인이다

그 여인은 내일을 모른다
오늘의 호사를 즐기고 한줌 재가 될 때까지
목마른 불나비가 되어 온몸을 불태운다

가을산은 스산하다
관객의 환호가 사라지고
무대 위에 쓸쓸히 홀로 서있는 여인이다

고즈넉한 저녁 해변을 걸으며
과거를 회상하는 추억의 여인이다

그 여인은 귀 기울여 가을의 전설을 듣는다
나무가 애잔하게 전하는 잎과 열매들의 소식에
고독과 허무와 이별의 아픔을 노래한다

*2014년 甲午年 11월 늦가을 설악산에서

낙엽 落葉

가을비가 찬바람 속에
추적추적 내린다

기력 쇠잔한 이파리들이
핑그르르 휘돌며
맥없이 떨어진다

이글거리는 태양도
휘몰아치는 폭풍도
오롯이 잘 참아냈건만

칼춤 추는 비바람 성화에
발가벗은 피붙이와
작별인사도 못하고

차가운 원혼冤魂이 되어
허공을 맴돈다

*2014년 甲午年 11월 23일 찬바람 부는 날

예송원藝松園의 밤

맑게 개인 초가을 밤
예송원 정자 위에 오르니
구름 속에 숨어있던 보름달이
수줍은 듯 고개를 내민다

달빛에 젖은 북한강 물결은
고기비늘처럼 은빛으로 반짝이고

짙은 여운을 남긴 채
순식간에 지나가 버린
경춘선 열차의 뒷모습을 바라보며
옛 친구를 생각하는데

오래 전에 바다로 떠나버린
가족을 찾아 나선 물줄기가
나를 보며 애타게 손짓한다

오호라
하얀 조명등 불빛 아래
저마다 고고한 자태를 지닌

수백 그루의 소나무들이
반색하며 나를 부르고 있구나

그렇다
저 소나무들은
그냥 그런 나무가 아니다
이 땅의 전설을 만들어 온
우리 민족의 혼魂이다

한민족의 한恨을 오롯이 간직한 채
흥에 겨운 멋과 가락

수천 년 머금은 향기를 내뿜으며
누구도 범치 못할
군자의 풍모까지 갖추었으니

나무마다 가지마다
자유롭고 조화로운 저 질서를 보라

미동도 하지 않고
한 자리를 지키고 서서
천금 같은 침묵으로 말한다

강물이 가야 할 길
우리가 가야 할 길
우리 조국이 가야 할 길을 가리키며

예송원의 가을밤을
아름답게 수놓고 있다

*2015년 乙未年 초가을 대성리 예송원에서

입추立秋 지난 밤

폭염과 열대야로
잠 못 이루던 밤이
바로 어제인데

입추 지난 하루만에
서늘한 밤공기가
옷 속으로 스며들고

풀벌레소리 들으며
깊어 가는 밤

내 생각도 깊어져
옛 추억 보듬고 누워
밤새 잠 못 이루네

*2015년 乙未年 8월 10일 깊어 가는 밤에

은행잎이 쏟아지는 오후

샛노란 은행잎이 우수수
보도 위에 눈처럼 내린다

길가는 사람 머리 위로도 내리고
지나가는 자동차 위로도 내린다
금세 주변을 은행잎들이 점령해 버린다

어찌 저리도 성급하게
집단으로 이별을 고한단 말인가

은행잎은 내리면서 무슨 생각을 할까
비가 오지 않는 날씨에 감사할까
친구들과 함께하는 나들이가 즐거울까

미화원 아저씨는 또 어떤 생각을 할까
가을이 깊어간다고 생각할까
귀찮은 손님이라고 생각할까

내일 수능시험을 보는 학생들이
저 은행잎을 주워 책갈피에

간직하는 그런 낭만은 사치일까

바라보기만 해도 우수수 쏟아지는
샛노란 은행잎을 맞으면서 걸어가는
늦가을 오후
내 생각도 무더기로 쏟아진다

*2015년 乙未年 11월 11일 오후에 보도 위를 걸으며

까치밥

감나무 꼭대기에 식탁을 차렸더니

천상의 귀빈들이 소식 듣고 찾아와

천하에 일미라며 칭송이 자자하네

*2015년 乙未年 12월 5일 집 마당에서

서울대공원역 2번 출입구 지붕 위의 비둘기

서울대공원역 2번 출입구 지붕 위의
비둘기는 오늘도 외롭다

수많은 인파가 몰려왔다 몰려가는
출입구 지붕 위에 앉아
풀씨보다 작은
사랑 한 점 기다리지만
그의 존재는 이미 잊혀진 지 오래다

거의 날마다
화려한 차림새 속에 감추어진
사람들의 속살을 들여다보는
비둘기의 젖은 눈은 슬프다

비둘기는 오늘도
서울대공원역 2번 출입구 지붕 위에 앉아
휑한 눈을 껌벅이며
사랑의 눈 맞춤을 기다리고 있다

*2015년 乙未年 10월 24일 서울대공원에서

매실나무 위 호박 두 덩이

매실나무 꼭대기에 호박이
익어가고 있을 줄은
꿈에도 몰랐구나

익기도 전에 들킬세라
넓고 큰 잎 속에 몸을 숨겨
감쪽같이 우리를 속였구나

화분에 씨 하나 심어 놓고
물을 줄 때마다 이파리만 무성하지
열매 하나 달리지 않았다고
불평만 하였구나

그 가녀린 줄기 하나로
변변치 않은 화분 속 자양분을
혼신의 힘으로 빨아올려
탐스러운 호박열매를 두 덩이나
맺었구나

모자란 영양

햇볕으로 보충하려
매실나무 가시 칼을 오르고 올라
크고 맛있는 매실호박을
기어이 탄생시켰구나

헌데, 네가 너무 무거워져서
이웃집 승용차에 떨어지면
어떡하나 걱정하는
내가 참으로 딱한 사람이구나

*2015년 乙未年 9월 12일 매실나무 속 호박을 보고

안면도 연가 戀歌

다정히 손을 잡고 함께 거닐던
안면도 꽃지 해변에
철썩이는 파도소리
옛날과 같은데
첫 사랑 그님은 어디로 가고
꽃처럼 피어나던
그 시절 그 추억을
아— 지금도 잊지 못해서
해 저문 백사장을 혼자 걷는다

솔향기 맡으면서 함께 거닐던
안면도 소나무 숲에
지저귀는 산새소리
변함이 없는데
내 사랑 그대는 어디로 가고
저 멀리 바다 위엔
고깃배의 불빛 만
아— 오늘도 깜박거리며
안면도의 가을밤은 깊어만 간다

*2015년 乙未年
11월 15일 안면도에서

초가을 상현달

팔월 초여드렛날
어스름 저녁

초가을 상현달이
떠오르고 있다

보름달, 하현달,
초승달, 그믐달

연인의 얼굴처럼
고운 이름이 많지만

한가위 보름달의
희망을 심어주는

초가을 상현달이
그중에 제일이더라

*2016년 丙申年 9월 8일 저녁 길을 가다가 달을 보며

억새의 노래

금빛 노을 해질녘에
은빛 물결 억새들이
한들한들 춤을 춘다

찬바람에 몸을 맡기고
모진 세월 돌아보며
신들린 듯 춤을 춘다

거칠게 쏟아내는
속 깊은 그 소리는
울음인가 노래인가

운명도 초월한 듯
굴레도 벗어난 듯
무심하게 춤을 춘다

*2017년 丁酉年 10월 26일 서울 상암동 하늘공원에서

가을 예찬

계절의 절정은 가을이다

가을 들판은 좁다
눈길 가는 곳마다
열매로 빼곡히 채워져 있다

가을 풍광은 곱다
산과 계곡까지도 휘감아
채색을 마친 화룡점정이다

가을 하늘은 없다
티끌 하나 보이지 않는
텅 빈 공간만 느낄 뿐이다

가을 철학은 깊다
긴 시간 곱게 물들어
각기 제 빛을 내고 사라진다

가을은 계절의 절정이다

*2017년 丁酉年 11월 23일
산책길에

원증회고 怨憎會苦 · 1
– 모기

깊어가는 가을 밤 책을 읽고 있는데
철지난 모기 한 마리가 나타나
나의 목덜미와 귓바퀴를 맴돌며
윙~윙~ 윙~윙~ 강제헌혈을 요구한다

싫다고 손을 내저어 거절했는데도
끊임없이 공격하고 위협해 책을 읽을 수가 없다

나는 비장한 결의를 한다

오늘밤 너와 나는 이 세상에 공존할 수 없다
나는 너의 횡포를 너무나 잘 알고 있기에
네가 살아 있는 한 난 아무것도 할 수가 없고
너는 나의 살점을 뜯고 피를 반드시 먹어야겠다고 하니
우리는 피할 수 없는 한판 승부를 내야 한다

하지만 공생의 방법이 전혀 없는 것은 아니다

나는 잠자는 것을 포기하고 졸음도 참아가며
책을 소리 내어 읽고

너는 내 어깨 너머에서 나의 책 읽는 소리를 들으며
참선의 자세와 금욕의 수행으로 밤을 지새운다면

동창이 밝아오는 아침이면
우리는 고행을 끝내고 해탈의 문 앞에
서있을지 몰라

*2014년 甲午年 10월 초순 가을밤 책을 읽다가

원증회고 怨憎會苦 · 2
― 모기

나는 모기가 무섭다
모기 울음소리만 들어도 지레 겁을 먹는다
나는 모기가 대포보다도 핵보다도 더 무섭다

그것들이야
나를 한순간 한방에 보낼 수 있으니
그걸로 끝이지만,

모기는 그렇게 간단치가 않다
보일 듯 말 듯 가냘픈 것이
보이지 않는 음침한 곳에
능청을 떨며 숨어 있다가
무얼 좀 하려고만 하면 어김없이 나타나
기막히게 치고 빠진다
교묘한 작전으로 나를 마음껏 희롱한다

숨바꼭질에 지쳐 이젠 포기하고
잠들만 하면 또 귀신처럼 나타나 괴롭힌다
밤새도록 물고 뜯고 동맥 깊숙이 빨대를
꽂아놓고 피를 빨아 말린다

모기는 이 세상 최고의 고문기술자다
그래서 나는 모기가 무섭다
일제 고등계 형사보다도
저승사자보다도 싫다

그렇다고 내게 모기를 제압할 무기가
아주 없는 것은 아니다
모기장을 치거나
모기약을 진하게 뿌리면 그만이다

그러나 모기장 속에 숨는 건 비겁하고
모기약으로 단번에 죽이는 건 잔인해
인내심으로 자비를 베푸는 것이다

그런데 모기는 그것을 모르는 것 같다
처서가 될 때까지 참고 기다릴 수밖에 없다

그런데 그동안에 정이 들까 봐 걱정이다
이별은 또 다른 무상함을 남기기 때문이다
모기는 정말 나를 괴롭게 한다
원증회고怨憎會苦다

*2018년 戊戌年 8월 12일
　삼복의 한밤중에

원증회고 怨憎會苦·3
– 모기

이놈 모기란 놈아,

너란 놈은 맹랑하기가 그지없고
교활하기가 짝이 없다는 것은
내 일찍이 알고 있는 바이지만
그래도 궁금한 것이 하나 있나니
너의 종족은 원래 이 세상에 태어나서
물 한 방울 보시한 적이 없고
피 한 방울도 헌혈한 적 없이
무자비하게 남의 피만 빨다가 일생을 마치니
허무하다는 생각이 들지 않느냐

그 좋은 재주와 신체구조를 가지고도
밝고 빛나는 곳은 회피하고
음습하고 불결한 한 곳에 숨어서
허구한 날 빨대 꽂을 궁리만 할 것이 아니라
한 번쯤은 광명 천지에 내놓아도 부끄럽지 않을
더 큰 꿈도 꿀만 하건마는
어찌 그리 네 종족들은 한결같이
선업은 팽개치고 대를 이어 악업만 일삼으니

내 안타까워서 하는 말이니라

자연의 섭리는 누구도 거역할 수 없고
그 순환의 이치에 따라 시간은 흘러
너희들의 꽃 시절은 다 가고
이제 조석으로 찬이슬 내려
사라질 때가 된 지금에도
네놈들의 행태는 조금도 달라진 것이 없고
더 악랄해져 가고 있으니
다음 생에도 네놈들은 사람으로 태어나기는
영 글렀다는 생각이 드는구나

이 불쌍하고 가여운 모기야

*2023년 癸卯年 9월 8일 늦더위가 기승을 부리는 밤에

풀벌레 소리

길 가다가 한 번쯤 귀 기울여
서글프게 울어대는
풀벌레 소리를 들어보라

맑고 고운 가을 날

저리도 처연하게 울고 있는
절절한 소리를 들어보라

그저 잠시라도
걸음을 멈추고 들어보라

이 맑고 고운 가을 날

저리도 슬피 울어대는
풀벌레 소리 한 번 들어보라

*2019년 己亥年 10월 풀벌레 소리 요란한 초가을에

만추소묘晩秋素描 · 1

오색 단풍 활활 불태운 산야는
속옷마저 벗어 던지며
겨울 사색을 준비하고

고추잠자리 허공을 맴돌면서
비취빛 하늘을 무대로
마당놀이 한판을 벌인다

찬 서리로 목욕한 들국화는
그윽한 향기 뿜어내며
늦가을 황제에 등극하고

홀로 외로움 타는 이들에게
성급한 겨울 철새 날아와
친구 되기를 청한다

*2019년 己亥年 11월 16일 가을 강화도에서

만추소묘晚秋素描 · 2

곱게 물든
잎새 하나
어깨 위로 날아와
내게 묻는다

지난 세월이
당신에겐
무슨 말을 남기고
떠나갔나요

대답 대신
노을 속으로
사라지는
철새만 바라보네

*2020년 庚子年 10월 31일 남산공원에서

만추소묘晩秋素描 · 3

가을의 끝자락 산길을 걷노라니
낙엽은 바람에 흩날리고
억새꽃은 흔들흔들 춤을 춘다

싱싱했던 잎들은 곱게 물들어
한생을 잘 살았다는 듯이
미련 없이 내려앉으며

낙엽 위를 지나가는 나에게도
당부의 말을 잊지 않는다

세상사가 원래 그런 것이라오
시작이 있으면 끝이 있고

물이 낮은 곳으로 흐르듯
오르막이 있으면 내리막이 있고
절정 뒤엔 허탈이 기다리지요

하지만
죽음은 또 다른 삶의 시작이라오

*2021년 辛丑年 10월 30일
 수락산길을 걸으며

만추소묘晩秋素描 · 4
― 오죽헌

늦가을 가랑비가 내리는 오죽헌에서
수백 년 뿌리내려 지켜 온
오죽烏竹을 보았네

대관령 아흔아홉 고개
맑은 정기 받은 오죽헌 내실에는
아직도 서기瑞氣가 어린 듯하고

동해바다 용이 들어 잉태했다는
몽룡실夢龍室에는
뭇 사람들의 경배敬拜가 이어지는데

사임당은 단아한 모습으로 앉아
내방객을 맞으시네

율곡은 말하길 내 평생 스승은
어머니라 칭하였고
사임당은 아들에게
모전자승母傳子承의 본을 보이시었네

어머니는 시서화詩書畵로
아들은 학문으로 일세를 풍미하였고
현세의 후학들은 두 분의 초상화를
품속에 넣고 다니며 귀하게들 여기네

*2024년 甲辰年 11월 5일 강릉 오죽헌에서

*모전자승母傳子承: 훌륭한 아버지 밑에서 훌륭한 아들이 나온다는 부전자전父傳子傳이라는 말이 있듯이 엄격하면서도 자애로운 어머니의 가르침에서 훌륭한 아들이 나온다는 뜻

만추소묘晩秋素描 · 5
― 경포대

늦가을 경포대에 오르니
경포호의 풍광은
한가롭기가 그지없고

담장 위에 걸려 있는
곱게 물든 단풍잎 하나
옛 추억을 부르네

율곡의 경포대부
조하망의 상량문은
지난 역사를 반추케 하고

맑은 하늘엔 조각구름이
백사장엔 연인들이
미지의 세계로 가고 있네

*2023년 癸卯年 11월 8일 강릉 경포대에서

억새꽃

가을산 중턱에
억새꽃이 춤을 춘다

병사들 사열하듯
은물결 출렁이며
군무群舞를 추고 있다

하얀 억새꽃이
수백 마리 학鶴이 되어
너울너울 춤을 춘다

가을 찬바람에
번뇌煩惱를 씻어내고
신비의 빛 내뿜으며

쉼 없는 몸짓으로
춘추春秋를 쓰고 있다

*2021년 辛丑年 11월 5일 경기도 가평 산행길에

금강산 예찬

아! 이것이 꿈인가 생시인가
외금강 최고봉 천선대에 올라서서
산 아래 만물상을 굽어보니
병풍처럼 장엄하게 펼쳐진 기암절벽에
눈이 시리고 숨이 멎는다

오호라, 신의 조화로
세상의 이치를 저 속에 담았구나

상팔담의 굽이굽이 맑은 물은
당장이라도 선녀가 하강할 듯하고
구룡폭포, 비봉폭포의 장엄한 물줄기는
속세의 번뇌를 씻어주듯 시원스레 쏟아진다

조심조심 하늘 문을 들어서니
천국의 별천지가 줄을 서서 하나씩 다가와
친견을 청하여 바쁜 발걸음을 붙잡는다

하얀 물보라 일으키며 흘러내린
옥류담과 연주담의 진초록 물에는

물감을 풀었는가

그 곱디고운 청아한 물을 보고
신선인들 어찌 지나칠 수 있으리

정상에 올라서서 세세히 살펴보니
삼선암 절부암은 날카로운 창과 같고
귀면암의 봉우리는
바위들이 떠받들어 왕관처럼 보이네

풍악의 절경을 눈에 담고 산 아래로 내려오면
또 다른 선경의 세계가 펼쳐지는데
산과 바다의 경이로운 조화 속에
해금강과 해만물상이 되었으니

천태만상의 기암괴석은
푸르른 노송들과 어우러져
보는 이 누구라도 시인이 되게 하고
바다 위에 빽빽이 솟아 있는
총석정의 기세는 해룡이 승천하는 것 같은데

삼일포로 밀려오는 조용한 파도소리
자장가처럼 가만가만 들려오니
내가 지금 꿈속에 있음이 분명하구나

　　*2000년 庚辰年 9월 22~25일 금강산金剛山에서

만추晩秋 산행山行

만추 산행길
쌓인 낙엽을 보며
경건敬虔을 느끼고

바람에 흔들리는
나목을 바라보며
인내忍耐를 배우고

하산길
석양 노을을 보며
섭리攝理를 깨친다

*2021년 辛丑年 11월 28일 초겨울 산행길에

가을볕

따스한 햇살
가을볕 아래서

굼벵이가 하는 말
이리 굴러도 가을볕
저리 굴러도 가을볕

어머니가 하는 말
딸이 나가도 가을볕
며느리가 나가도 가을볕

농부들이 하는 말
들에 나가도 가을볕
산에 올라도 가을볕

가을볕에 취해
자연도 물들고
나도 물들고

*2022년 壬寅年 10월 25일 가을볕이 좋은 날

가을 전령傳令

지루한 장마와 개구리 울음소리
열대야 속 별똥별의 낭만
한바탕 꿈처럼 사라져 간 자리에

가로수 매미들 합창소리는
분초를 다투는 절박감이 묻어나고
풀벌레 소리도 애잔하게 들린다

비탈진 골목길 허름한 담장 위에는
노란 호박꽃이 활짝 웃으며
날 보란 듯 앉아 있고

참새 떼들은 새하얀 창공을
마음껏 휘젓고 다니면서
가을 전령이 된 것을 뽐내고 있는데

저녁노을 그윽해지는 공원 화단에
철없이 일찍 핀 코스모스 두 송이가
가녀린 몸짓으로 흔들리고 있다

*2023년 癸卯年 8월 21일
초가을 산책길에

가을의 정취情趣

구름 한 점 없는 비취빛 하늘 아래
가을은 소리 없이 익어 가고

성곽 밑 예배당 철탑 위에선
비둘기 한 쌍이 밀어를 나눈다

벤치의 노신사는 추억에 잠긴 채
눈으로 가을편지를 쓰고 있고

손잡고 거니는 연인들의 얼굴엔
홍시처럼 달콤한 사랑이 넘치는데

흰머리 갈대들은 바람이 일 때마다
고갯짓 장단 맞춰 춤을 추고 있다

*2023년 癸卯年 10월 2일 한양도성 위에서

불타는 이 가을을

나 그대에게
계절을 선물할 수가 있다면
지금 당장 이 가을을 주고 싶소

불타는 정열을 간직한 당신은
이 화려한 가을과 어울리기 때문이요

나 그대에게
이 가을을 줄 수 있다면
하나도 빠짐없이 통째로 주고 싶소

이 가을의 어느 것 하나
고를 수도 버릴 수도 없기 때문이요

나 그대와 더불어
이 좋은 가을이 가기 전에

우리의 사랑을 저 단풍잎처럼
곱게 물들여
잊지 못할 추억으로 간직하고 싶소

*2023년 계묘년 10월 12일
 전라북도 임실 옥정호에서

단 한 번의 시간 여행

지난 시절 한 때는
시간이 빨리 갔으면 좋겠는데
더디 간다고 불평한 적도 있었고

나이가 들어서는
세월이 왜 이렇게
빨리 가는지 모르겠다고
투덜대며 한탄한 적도 있었지만

늙어가면서 생각해 보니
시간이 빠르거나 느리거나
모두가 단 한 번의 인생길이라

미움도 원망도 슬픔도 내려놓고
보석처럼 소중한 시간 여행을

백년을 하루같이
하루를 백년처럼
우리 함께 마음의 창을 활짝 열고
빛나는 인생사를 기록해 보자

*2024년 甲辰年 9월 9일
가을의 문턱에서

얼굴 점 빼는 날

오늘은 얼굴 점 빼는 날
아내의 성화에 못 이겨
병원에 오기는 했는데 머리가 복잡하다

시술은 과연 잘 될 것인가
공연한 일을 벌인 것은 아닌가

시술하고 나서 아물 때까지
열흘정도 걸린다고 하는데
그동안 활동에 제약을 받는 것과
시술 안 하고 마음껏 활동하는 것
어느 것이 더 이로울 것인가

사람들은 이런 자잘한 갈등 속에서
한평생을 살아가게 된다

어쨌거나 시술은 마쳤고
이제 어찌 하겠는가
공들인 효과가 있기를 기대할 수밖에

*2024년 甲辰年
9월 30일 중계의원에서

추래불사추 秋來不似秋

그리운 이여
이 가을에 그리운 이여

덧없는 세월이 흘러 백발이 되니
옛 추억이 겹겹이 쌓여
꺼내고 또 꺼내어도 끝이 안 보이오

세월은 그리움을 품은 채
안개 속 신기루와 술래놀이를 하고

눈앞에 보이는 건 잡다한 깃발들만
20세기 독일병정들처럼
요란하게 펄럭이고 있소

그리운 이여
이 가을에 보고 싶은 이여

백로를 지나 한가위가 코앞인데
무더위는 갈수록 기승을 부리고
검은 비구름은 하늘을 뒤덮고 있소

추래불사추秋來不似秋라는 말이
딱 어울리는 계절이오

하여 이제는
부질없는 귀거래사歸去來辭는
둘둘 말아 문갑 속에 넣어 두고
시원한 동동주나 마시며 취해 보려오

*2024년 甲辰年 9월 13일 여름 같은 가을날에

익어가는 가을

가을이 익어간다
비취빛 하늘 아래 티 없이 익어간다

질기고 지루했던
무더위도 장마도 저만치 떨쳐버리고
홀가분하게 익어간다

가을이 익어간다
시선 머무는 곳마다
깊고 곱게 익어간다

호박잎도 토란잎도 단풍잎도
마지막 정열을 불태우듯
점점 짙은 색으로 물들며 익어간다

산에서는 상수리와 밤톨들이
후드득후드득 저절로 떨어지고
청설모도 오르락내리락 분주하다

오솔길에 피어 있는 코스모스 사이로

간간이 불어오는 바람결에도
가을이 익어가는 소리가 들리고

붉게 물든 저녁노을 바라보는
내 마음속에서도 가을은 익어간다

*2024년 甲辰年 9월 23일 가을 산책길에

구름과 인생

광활한 창공에 떠돌고 있는
각양각색의 구름들

탐스런 뭉게구름
위협적인 먹구름
가벼운 새털구름들이
한 폭의 지도처럼 펼쳐져 있다

생각해 보면 우리 인생도 한 조각 구름이다

멋진 뭉게구름에 환호하고
검은 먹구름에 좌절하고
때로는 가벼운 새털구름이 되어
떠돌며 방황할 때도 있다

하지만 이 세상에 영원한 것이 어디 있으랴

구름도 사람도 때가 되면
한바탕 꿈처럼
먼지처럼 사라지고

하늘과 땅위엔 또 다른 그림이 그려질 뿐이다

*2024년 甲辰年
10월 15일
깊어가는 가을에

가을은

가을의 산과 들은 풍요
가을의 저녁노을은 황홀

가을 창공은 공허
가을 공원은 적막

가을비는 쓸쓸
가을바람은 쌀쌀

가을 낙엽은 사색
가을밤은 고독

그대의 가을 노래는 미련
나의 가을 편지는 그리움

그리고
우리의 가을 여행은 추억

*2024년 甲辰年 10월 30일 가을밤에

청풍호반의 정취

안개 낀 청풍호반에서
봉황의 날개 타고 비봉산에 오르니
내려다보이는 청산과 호수가
한 폭의 그림처럼 아름다운데

중천에 떠있는 하얀 낮달이
미소를 지으며 마중을 하니
내가 오늘 하루
이 세상 제일의 귀빈이 되었네

백옥 같은 유람선에 올라
산수를 가까이서 바라다보니
바위들은 아늑한 병풍과 같고
푸른 솔들은 늠름한 병정 같은데

새들은 푸른 솔 위에 올라 앉아
청산과 호수를 노래하다가
스쳐 지나가는 바람을 보고
잠시 쉬어가라고 유혹을 하니

바람도 청산에 안긴 채 잠이 들어
청풍명월淸風明月이 만났으니
청산의 새들도 호수의 물결도
행여 바람이 깰세라
둥지 속으로 물속으로 서둘러 숨는다

*2024년 10월 12일 충청북도 제천 청풍호반에서

가을을 타는 나에게

천지가 온통 아름다움으로 채색된
이 좋은 가을날에
나는 외로워져서 하늘을 올려다본다

잠시만 쏘여도
보약이 될 것만 같은 햇볕
둥실둥실 평화롭게 떠있는 뭉게구름

하지만 위안도 잠깐
나는 하늘도 싫증이 나서 땅을 내려다본다

내 얼굴이 고스란히 비치는 맑은 호수
바라만 보아도 불타 버릴 것만 같은 단풍

아! 이다지도 좋은 계절에
왜 내 마음은 흙벽돌처럼 메말라 가고
모래알같이 많은 군중들 속에서
홀로 외로운 것이냐

나를 지켜주고 쉬게 해 줄

방벽이나 보금자리가 없는 것도 아니고
입만 열면 나를 살맛나게 해 주겠다고
달콤하게 속삭이는 자칭 보호자들도 즐비하고

내가 생판 모르는 것들이나
저 아득히 먼 곳에 있는 사람들의
소식까지 미주알고주알 알뜰히 챙겨주는
친절한 안내자들도 많은데

나는 지금 왜 이다지도 외롭단 말이냐

이럴 바엔 차라리
깊은 동굴 속에 매달린 종유석이 되거나
사막 한복판의 모래알이 되거나
아니면 무인도에 집 짓고 살고 있는
한 마리의 새가 되는 게 더 낫지 않겠느냐

피 튀기는 포화 속에서도
즐거운 듯 만나서 악수하고 사진 찍는 거물들
길 가다 만나는 웃음기마저 사라져 버린

팍팍한 얼굴의 사람 사람들

성공했노라고 우쭐대는 기분파들이나
날만 새면 또다시
세상 이치를 다 아는 듯 떠드는 뭇 사람들

왜 모두가 하나같이
행복해 보이거나 편안해 보이지가 않고
초라하고 가여운 생각이 드느냐 말이다

하필이면 이 축복받은 화려한 계절에

*2024년 甲辰年 11월 5일 가을을 퇴색시키는 세태를 보며

감을 감으로 딴다고 하네

아내가 마당에서 간짓대로 감을 따면서
눈이 잘 보이지 않는지
내가 감을 감으로 따고 있다고 한다

해마다 거의 하실하지 않고
그렇게도 잘 따던 감을
이제 나이가 들어 짐작으로 딴다고 하니
세월의 무상함을 느낀다

덧없이 흐르는 세월의 무상함이야
그 누구라도 비켜갈 수 없지만
그렇다고 마냥 비관할 필요는 없다

해가 가고 연륜이 쌓일수록
세상을 보는 혜안은 열리기 마련이고
오래 묵혀 깊은 맛을 내는 가을 된장처럼
인생의 참맛도 느끼게 될 테니까

*2024년 갑진년 11월 10일 마당의 감을 따면서

4군자 梅蘭菊竹 — 국화 菊花

늦가을 찬 서리에
참빛을 발하고 있는
화사한 그 얼굴을 보았네

함초롬히 이슬 머금은
청초한 그 입술에
나도 모르게 입 맞추었네

화장기 없는 순수함
그곳에서 내뿜는 향기
나는 그만 취하고 말았네

짝사랑 소녀의 미소처럼
나를 붙들어 놓고
내 영혼마저 흔들고 있네

*2024년 11월 11일 만개한 국화를 보고

4부

겨울 | 겨울산자락

청설모의 겨울양식

마을 뒷산에 살고 있는 청설모들이
하늘을 향해 치솟은 나무들을
요리조리 타고 다니며 재미지게 놀고 있다

한동안 밤나무를 흔들어 지나가는 길손에게
알밤을 선물하더니
이젠 참나무를 흔들어대며 상수리를
나누어 준다

재미를 본 사람들은 날마다 와서 주워가니
겨울양식이 동이 나려고 하는데도
그들은 앞서거니 뒤서거니 오르락내리락
곡예만을 즐기고 있다

눈 덮인 엄동설한에 무얼 먹고 살려고
저리도 여유로운지 그 속을 알 수가 없다

너희들은 아무 걱정 없이 가을을 즐기는데
너희들이 해야 할 걱정을 왜 내가 하고 있는지
너희들보다 내가 더 탐욕에 물든 것은 아닌지
나도 내 속을 알 수가 없다

*2014년 甲午年
10월 25일
마을 뒷산에 올라

초설 初雪

밤사이 찾아온 올 겨울 첫 손님

우주공간 넘나들며
고난 끝에 얻어낸
귀한 선물을 품에 안고

그 머니먼 길을
날고 날아서 찾아왔건만
우리는 영접조차 못했네

그가 가져온 보따리엔
기쁨과 희망,
평등과 평화
추억과 그리움

아무도 범할 수 없는
순백의 사랑으로 가득 차 있네

*2014년 甲午年 12월 12일 첫눈 오던 날

겨울산자락

얼음 눈 녹아내리는
비탈진 산골짜기

넘어질 듯 조심조심
미끄러져 내려오면

앙상한 나무 위에
새 둥지 허허롭고

가느다란 가지 끝에
졸고 있던 새 한 마리

공중으로 날아오르며
날갯짓 한 번 하더니

저녁노을 뒤로하고
둥지 찾아 깃든다

*2014년 甲午年 12월 25일 태릉 화랑마을 뒷산에서

세모 歲暮

해가 바뀐다고 달라질 건 없다네
물이 낮은 곳으로 흐르듯이
세월이 제 갈 길을 가듯이

태양이 뜨고
달이 지고
바람이 일고
꽃이 피듯이

해가 바뀐다고 아무것도
달라지는 건 없나니

자연과 호흡하며
미래에 속지 말고
지금을 절실함으로 살아야 한다네

*2015년 乙未年 12월 31일 자정 送舊迎新하며

겨울바람

겨울바람이 분다
매서운 찬바람이 휘몰아친다
그럴 때마다
내 마음은 어느새
고향 산마루에 가서 맴돈다

그곳에는
모진 추위를 함께 견디던
친구들과 이웃들과
어머니의 따스한 손길의 온기가
깃들어 있기 때문이다

겨울바람이
제아무리 모질다 한들
친구들의 해맑은 눈동자와
이웃들의 손길과
어머니의 사랑을 어찌 당하랴

*2015년 乙未年 1월 16일 찬바람 부는 날

독감 毒感

열나고 코 막히고
콜록콜록 그렁그렁
고통스런 몸살감기

얼굴이 달아오르고
눈이 튀어나오도록
콜록콜록 그렁그렁

오장육부로부터
치솟아 오르는
혼신의 재채기소리
지구가 흔들린다

* 2015년 乙未年 1월 16일 독감을 앓으며

함박눈

눈이 내린다. 함박눈이 내린다
뒤란 장독대에도 앞마당 목련나무 위에도
속눈썹에까지 눈꽃들이 파고든다

눈이 내린다. 펄펄 눈이 내린다
눈을 맞으며 눈을 먹으며
옛 추억에 잠긴다
가슴에 수천 개의 꽃송이가 피어난다

눈이 내린다. 새하얀 눈이 내린다
탐욕의 허물을 벗어 던지고
순수와 경건의 마음으로 눈을 품으라 한다

눈이 내린다. 함박눈이 내린다
세상이 갑자기 고요해진다
눈을 감고 귀를 기울인다
저만치에서 봄이 오는 소리가 들린다

* 2016년 丙申年 2월 6일 생일날 함박눈을 맞으며

겨울밤 기차 가는 소리에

깊어가는 겨울밤
멀리서 들려오는 기차가는 소리는
나의 영혼마저 흔들어 깨운다

바람을 가르며 질주하는 차안에서
처음 만난 사람과 오래 된 친구처럼
이야기를 나누기도 하고

홀로 창가에 기대어 깊은 사색을 하고
기차가 종착역에 닿아도 갈 곳이 없는
고독한 나그네로 만들기도 한다

겨울밤 기차가는 소리는
마법과 같은 주술의 힘으로
우리를 미지의 세계로 실어 나른다

*2018년 戊戌年 12월 15일 늦은 밤 기차소리에

겨울 산의 기도

찬바람 맞으며 겨울 산에 올라
하얀 눈 대신
희뿌연 회색빛 하늘을 보니
우울한 생각이 드오

옷을 벗어 추위에 떨고 있는
외가닥 나무는
잃어버린 피붙이 생각에
묻는 말에는 대답도 안 하오

간혹 나타났다 사라지는 새들도
목소리를 잃었는지
푸드득 날개소리만 내고는
사라지오

어쩌다 만나는 사람들도
머리에서 발끝까지
칭칭 동여매고 눈만 내놓고 있어
인사도 못하오

멀리 보이는 아파트 숲에는
도란거리는 이야기나
흥겨운 콧노래대신
컴퓨터소리만 둔탁하게 들리오

아!
이럴 땐 하늘에서
함박눈이라도 푹푹 내리고서야
모두 잠에서 깨어나
소리라도 지르고
얼굴이라도 마주할 것 같으오

*2016년 丙申年 촛불정국의 12월 산행 중에

아직은 눈꽃이 내릴 때가 아닙니다

이른 아침부터 눈꽃이 오네요
꽃잎처럼 새털처럼 쉴 새 없이 날리네요
눈꽃들이 내려와
아름다운 또 다른 세상을 만드네요
밖으로 뛰쳐나가 눈을 맞이하고 싶네요

하지만 눈꽃님,
조금만 기다려 주시어요
아직은 눈이 내릴 때가 아닙니다

산과 들의 단풍도 고운 빛이 남아있고
고단한 서민들의 겨울준비도 해야지요

눈꽃님,
조금만 더 기다려 주시어요
큰 시험 치르는 수험생들
곱디고운 당신이 유혹하면
집중력 떨어질까 걱정됩니다

눈꽃님,

잠시만 더 기다려 주시어요
소박한 겨울채비 끝나고 나면
단풍도 추억 속 그리움으로 남겠지요

그때 예쁘게 단장하고 오시어요
한마음으로 당신을 기다리겠습니다
뜨거운 포옹과 입맞춤으로
당신을 맞이하겠습니다

조금만 더 조금만 더 기다려 주시어요
아직은 눈雪이 내릴 때가 아닙니다

*2017년 丁酉年 11월 23일 눈 오는 날 아침에

겨울 사색思索

겨울 산 溪谷에
새하얀 얼음 줄기
여름에 흘러갈
물길을 알려주고

裸木에 매달려
떨고 있는 잎 하나
봄날에 피어날
꽃 이름을 말한다

*2019년 己亥年 2월 山行 중에

세월歲月

오랜만에 내린 눈이
그저 반가워

나이 어린 손자와
눈사람을 만드는데

즐거운 마음이야
손자와 같건마는

검은 머리 어느덧
하얀 눈이 되었네

*2021년 辛丑年 1월 7일 눈 내린 날

초겨울 단상

간 밤 내린 찬 서리에
국화 향기는 짙어 가고

여름 철새 떠난 자리엔
겨울 철새가 앉아 있네

나무들은 옷을 벗는데
사람들은 옷을 껴입고

감나무에 매달려 있는
까치밥 세 알 바라보며

어느새 훌쩍 가버린
세월의 흔적을 떠올리네

*2022년 壬寅年 11월 10일 겨울을 맞으며

찬바람 부는 날 밤에

세찬 겨울바람이 휘몰아치는 밤에
쉬 잠들지 못하는 것은

기분 나쁘게 윙윙거리는
바람소리 때문만은 아니다

경계도 없이 제멋대로 뻗어가는
거둘 수 없는 생각 때문이다

낮에 본 노숙인은 잘 곳을 찾았을까
담 밑에서 졸고 있던 고양이는
어디로 갔을까
강원도 산불은 이 거센 바람에
더 번지지 않을까
난방에너지 보릿고개 속에
우크라이나 난민들은 어찌하고 있을까

손에 책은 들고 있지만
머릿속은 우주공간을 헤매며 맴돌고 있다

*2022년 12월 14일
　추운 겨울 날 새벽에

새벽에 만난 사람들

12월의 이른 새벽 윙윙- 윙윙-
요란한 소리를 내며 바람이 분다
매서운 칼바람이 얼굴을 할퀴고
온몸을 파고든다
빈 택시가 나를 향해 멈칫거리다 지나간다

바람을 피해 지하철 역사로 내려간다
계단에서 밤을 새운 노숙자를 만난다
바닥에 깔고 잤거나 덮고 있었을
종이상자를 옆구리에 끼고 갈 곳을 찾아
어슬렁거리고 있다

전철 안에는 벌써 사람들이 차있다
학생들과 회사원도 있지만
6~70대 남자들이 의외로 많다
일자리를 구하거나 아침식사를 때우기 위해
꼭두새벽부터 움직이는 것이다

전철에서 나와서 걸으며 생각한다
택시기사도 노숙자도 일터를 찾는 노인들도

이 시대를 함께 살아가는 동반자들이다
여전히 바람은 기세가 꺾이지 않았지만
지금은 추위가 느껴지지가 않는다

*2022년 壬寅年 12월 이른 아침 전철 안에서

얼음 속에 갇힌 삶

단단하고 두터운 얼음덩어리 속에
물고기 한 마리가 갇혀 있다

어찌 하다가 저렇게
꼼짝도 하지 못하는 신세가 되었을까

올무에 포획된 짐승들
거미줄에 걸린 곤충들
철창 속에 갇힌 수인들처럼

저 물고기도 한 때는
자유롭게 유영하며 살았으리라

무사안일 오만방자
아니면 한 순간의 전환점에서
오판을 했을 수도 있고
유혹에 빠졌을 수도 있었겠지만

그보다 더 안타까운 것은
아직도 그 원인을 알지 못하고

알려고도 하지 않는다는 것이리라

우리의 삶도 알지 못하는 사이에
얼음 장벽 속으로 점점
잠입하고 있는 것은 아닌지
더 늦기 전에 한 번쯤 생각해 볼 일이다

*2022년 壬寅年 12월 12일 남산에 올라

또 다른 세상

대설주의보가 나오고
잇따라 폭설경보까지 내리더니
얼마 지나지 않아
눈이 펑펑 쏟아져 내린다

온 천지가 순식간에
순백으로 도배되어 딴 세상이 된다

차별도 갈등도 거짓과 음모도
위선과 추함까지도 녹여버리고
아름다운 평등세상을 이룬다

인간들이 아등바등 쌓아 올린
몇 천 년 공든 탑을 무색케 하고
한바탕의 눈보라로
세상을 온전히 바꾸어 놓는다

자연의 힘은 그렇게
한 치의 오차도 없이
너무도 빠르고 너무도 확실하게
또 다른 꿈꾸는 세상을 만들어 낸다

*2022년 壬寅年 12월 18일
 폭설이 내리던 날

동지 冬至

동지는 눈꽃이 아름다운
겨울의 정점이자
새해로 가는 출발점이다

큰 사발에 팥죽이 한 가득
새알심 한 알 떠먹으면
나이도 한 살 더 먹고

동지팥죽 붉은 빛 속에는
희망과 행복을 부르는
상서로운 기운이 넘쳐난다

*2022년 壬寅年 12월 22일 동짓날에

겨울 동백 冬柏

눈이 내린다
동백나무에 하얀 눈이 내린다

가지마다 이파리마다
고르게도 내려앉는다

선혈처럼 새빨간 동백꽃 속으로
백설이 흰나비가 되어 날아든다

샛노란 수술은
너울너울 춤을 추고

동박새도 장단 맞춰 노래 부른다

*2022년 壬寅年 12월 16일 눈 오는 날에

한겨울에 내리는 비

한겨울인데 눈 대신 비가 내리네

소설小雪도 대설大雪도 지나서
동지冬至가 코앞인데
눈은 안 오고 비만 쏟아지고 있네

초가지붕 처마에 매달린 고드름이
녹아 흐르는 것도 아니고
온종일 겨울비가 주룩주룩 내리네

혼돈混沌의 세상이 되니
계절마저 거꾸로 뒤집힌 것일까
문득 괴이한 생각이 드네

이러다가 내년 한여름엔
함박눈이 펑펑 내릴지도 모르겠네

*2023년 계묘년 12월 11일 한겨울 비 오는 날에

12월의 기도

한 해의 끝자락에 서서
겸허한 마음으로 바라오니
기도하는 12월이 되게 하소서

모두가 감사의 마음을 갖게 하소서

우리를 살게 해준 자연에게 감사하고
우리를 지켜 주신 신에게 감사하고
따뜻한 정을 나눈 이웃들에게도
감사하는 마음을 갖게 하소서

모두가 평화를 사랑하게 하소서

지구촌 전쟁을 멈추게 하소서
굶주리는 사람이 없게 하소서
아픈 사람도 없게 하소서
죄짓는 사람도 없게 하소서

모두가 한해를 뒤돌아보고
성찰하는 12월이 되게 하소서
모든 허욕과 허물을 벗어버리고
사랑과 희망으로 새해를 맞게 하소서

*2023년 癸卯年
12월 22일
동짓날 아침에

한겨울 밤의 기도

지붕 위에 가득 쌓인 눈이
버거워 보이는 외딴집 한 채

세찬 겨울바람은
화살 날아가는 소리를 내며
쉴 새 없이 윙윙거리고

방안에서 새어나오는
희미한 불빛 하나
꺼질락 말락 깜박이고 있다

누굴까
이 추운 겨울밤을 붙들고
혹독한 외로움을 견디며

고결한 설중매처럼
꽃피울 봄을 기다리는 그이는

*2023년 癸卯年 1월 15일 혹독한 겨울을 보내며

겨울 포장마차

해마다 겨울이 되면
눈에 띄게 늘어나는 포장마차들

군밤, 군고구마, 붕어빵, 순대
우동과 떡볶이 어묵 등을 파는
간이 이동식 가게들이다

그곳은 서민들이 애환을 쏟아내는
토론의 장이요 사랑방이고

추운 바람을 피하는 주막이요
마음 시린 사람들의 안식처다

버젓한 가게 하나 가지길 희망하는
영세 상인들의 꿈의 직장이요

인생철학의 기본이 살아 숨 쉬는
최고의 학습장이기도 하다

*2023년 癸卯年 11월 28일 포장마차에서

나의 소확행 小確幸

나는 비교적 행복을 느끼며 사는 편이다
물론 남이 보기엔 대단한 것들이 아니지만
생각하기에 따라선 매우 중요한 일이기도 하다

나에게 고통스러운 일이 없다는 것이 아니다
인간의 삶에 어찌 행복한 일만 있겠는가
이 세상에 누군들 그 같은 고통을 비켜가겠는가
다만 행복을 느끼려고 노력하는 것뿐이다

내가 훗날 인생을 마치게 되었을 때 결코
후회하지 않고 편안함을 느끼게 할 소중한
자산들을 비축하는 것이라고 생각하는 것이다

횡단보도 앞에 서자마자 초록불이 켜졌을 때
차에 올랐는데 마침 자리 하나가 비어 있을 때
목욕을 마치고 옷을 갈아입을 때나
멋진 연설을 마치고 박수를 받으며 내려올 때
나는 기분 좋은 행복감을 느낀다

길을 몰라서 허둥대는 사람에게

길을 안내해 주고 돌아설 때나
전철 문이나 승강기 문이 닫히기 직전에
가까스로 타는 사람을 지켜보았을 때
나도 모르게 만족한 미소를 머금게 된다

폐지를 싣고 힘겹게 가는 수레를 뒤따라가며
가볍게 밀어 주었을 때
길에서 우는 아이를 달래며 데리고 있다가
보호자에게 무사히 안겨주었을 때
그때 고맙다며 기뻐하는 가족들의 모습을 볼 때
참으로 가슴 뿌듯한 행복을 느낀다

운무에 휩싸인 호수나 산봉우리를 보았을 때
밤하늘의 별이나 둥근 보름달을 보았을 때
솟아오르는 태양이나 붉게 물든 저녁노을을 볼 때
동굴 속에 돋아난 아름다운 종유석과 석순들
만물상과 주상절리, 끝없이 펼쳐진 망망대해
주렁주렁 매달린 탐스러운 과일들과 곡식들
대자연의 신비함이 또한 나의 삶을 행복으로 이끈다

어디 그뿐이랴
야유회 보물찾기에서 숨겨논 쪽지를 발견했을 때
마지막 남은 경기장 입장권을 사서 들어갈 때
몇 십 년 만에 보고 싶었던 친구를 우연히 만났을 때
노점상 할머니의 물건을 팔아주었을 때
고서점에서 구하고 싶었던 책을 발견했을 때도
나는 기분 좋은 하루가 된다

힘겹게 산 정상에 오르고 나서 땀을 닦을 때
산에 홀로 핀 들꽃과 대화를 나누며 머무를 때
탁 트인 뚝방 길을 걷거나 정겨운 오솔길을 걸어갈 때
손자 손녀의 재롱을 보거나 세배를 받을 때
가족들이 모두 모여서 식사를 하게 될 때
말할 수 없는 행복감을 느끼게 된다

길을 가다가 문득 좋은 시상이 떠올랐을 때
책을 읽다가 감동적인 구절을 발견하고
몇 번이고 다시 되돌아가 거듭 읽고 또 읽을 때
흘러간 노래를 듣거나 오래 된 명화를 감상할 때
우리나라 선수가 역전골을 넣어 승리한 후

감동의 눈물을 흘리는 것을 보았을 때
그 환희와 표호가 나에게 행복을 가져다준다

장애나 가난을 딛고 일어나 성공한 사람들의 이야기
아무 조건 없이 은혜를 베풀어 준 은인에게 훗날
성공한 사람이 되어서 보은했다는 기사를 읽을 때
나는 그들의 인간 승리에 감동과 희열을 느끼게 된다

한 번도 만난 적이 없는 사람으로부터 받는 응원의 메시지
나를 아껴주는 스승이나 아내의 칭찬을 받을 때
맛있는 요리가 완성되어 맛을 볼 때나
지인들을 초대해서 세상 돌아가는 이야기를 나눌 때
조용히 앉아 기도하며 성찰의 시간을 가질 때
밤 비행기나 기차를 타고 여행을 떠나려 할 때
출발시간을 기다리는 그 설레는 마음이나
그때 동료들과 함께 나누어 마시는 차 한잔이
나에게 말할 수 없는 행복의 보약이 된다

이 외에도 우리 주변에는 행복을 주는 일들이 무수히 많다
우리가 매일같이 겪는 소소한 일상에서 너무나 많은

즐거운 일들이 우리를 손짓하며 기다리고 있는데
손안에 든 작고 확실한 행복들을 보지 못하고
더 큰 것을 찾느라
귀중한 시간을 허비한다면 그것은 분명 안타까운 일이다

*2023년 癸卯年 12월 30일 한 해를 마무리하며

어제와 오늘 그리고 내일

어제는 온종일 비가 내리더니
밤사이에 첫 눈이 내렸네

어제 비를 막아 주던 우산이
오늘은 눈을 막아 주는 설산이 되었네

어제 비를 맞으며 걷던 사람들 표정은
어딘지 모르게 쓸쓸하더니

오늘 눈을 맞으며 걸어가는 발걸음은
춤을 추듯 생기가 도네

어제와 오늘이 이렇게 다르니
내일 일을 미리 걱정할 것이 없네

*2024년 甲辰年 11월 27일 눈길을 걸으며

겨울밤의 추억

겨울밤은 왠지 추워도 포근하다
눈이라도 펑펑 내리는 밤이면
생각은 깊어지면서 맑아지고
마음속은 더 한 아늑함이 느껴진다

뜨끈뜨끈한 온돌방 한가운데
솜이불 하나 펼쳐놓고
그 속에 다리들만 집어넣은 채
친구들과 빙 둘러 앉아서

두서없는 이야기꽃을 피우는 밤이면
이 세상 근심 걱정은 씻은 듯 사라지고

바람이라도 쌩쌩 불어대는 밤이면
무쇠 솥 아궁이에 고구마를 쪄서
김치와 동치미 국물로 먹는 맛은
그 어떤 천하 일미가 이 맛을 당할손가

겨울밤이 새록새록 깊어 가면 갈수록
친구들의 우정도 쌓여만 가고
산에서 들려오는 부엉이 우는 소리에
뒤척이면서 잠이 드는 겨울밤의 추억

*2023년 癸卯年
12월 15일 한겨울
깊은 밤에

눈꽃세상

눈이 내리네
새털처럼 가벼운 눈이
꽃잎처럼 내리네,

얼굴에도 손등에도
온몸을 어루만지며
반갑다 인사를 하네

눈이 내리네
날개도 없는 눈이
춤을 추며 내리네

갈 곳을 안다는 듯
내리자마자
제자리를 찾아 앉네

눈이 내리네
솜털 같은 하얀 눈이
소리도 없이 내리네

내린 눈은 순백의
꽃송이가 되어
눈꽃세상을 만들었네

*2023년 癸卯年 12월 25일 눈 오는 날

겨울철 행복론

초가지붕 처마 밑에 매달린 고드름을 따서
아작아작 깨물어 먹는 그 시원한 맛이나
백화점에서 잘 포장된 아이스크림을 사서
혀로 조금씩 핥아 먹는 그 달콤한 맛이나

널빤지 조각에다 철사를 끼워 만든 썰매로
동네 개울가 빙판을 질주하는 즐거움이나
공장에서 날렵하게 만든 스케이트를 신고
실내 아이스링크를 빙빙 도는 즐거움이나

소나무를 낫으로 깎고 다듬어 만든 팽이를
팽이채로 계속 치면서 돌리는 팽이놀이나
던지면 저절로 도는 쇠로 만든 자동팽이로
누구 것이 오래 도나 게임하는 팽이놀이나

대나무를 가늘게 쪼개어 한지로 만든 연을
뒷산에 올라가 바람에 날리는 연날리기나
모양도 크기도 그림도 같은 플라스틱 연을
운동장이나 강변에서 날리는 연날리기나

아궁이 속에 장작으로 불을 때서 달구어진
뜨끈뜨끈한 온돌방에서 잠을 자는 것이나
보일러나 매트 같은 난방 기구를 이용해
온도를 조절해 가면서 잠을 자는 것이나

겨울 한철을 나는 사람들의 행복지수에는
차이가 없고 사람마다 취향도 제각각이니

벗님네들이여!
겨울한파도 즐거운 마음으로 지내다 보면
봄은 오고 여름 오고 가을 또한 올 것이니
춥다고 성화를 부리거나 조급해 하지 말고
그냥 그렇게 자연의 섭리대로 살면 어떠리

*2023년 癸卯年 1월 6일 한파가 몰아치는 小寒날에

진정한 사랑

내가 군에 있을 때 휴가를 나오면
어머니는 활짝 웃는 얼굴로
왔구나, 하고는 부엌으로 들어가셨다

어찌 보면
너무 싱겁고 서운할 것도 같지만
나는 그것이야말로 어머니가
나에게 무한히 표출하는
최고의 사랑이라는 것을 알고 있었다

그 환한 얼굴 속에는
애태웠던 안도의 반가움과 함께
천 마디의 말보다 더 진한
기쁨과 환희가 담겨 있기에 그렇다

정열적이고 적극적인 사랑도 좋고
호들갑스러운 사랑표현도 좋지만
속 깊은 은근한 사랑은 더욱 값지다

뜨거운 사랑은 참으로 짜릿하지만

그 희열은 오래가지 못하고
사랑이 식으면 그만큼 상처도 크다

속 깊은 사랑은 쉬이 드러나지 않고
답답하고 밋밋한 것 같지만
진정이 통할 때 그만큼 감동도 크다

화롯불의 불씨가 꺼진 듯 타오르고
온돌방의 온기가 밤새도록 남아 있고
뚝배기의 국물이 오래 식지 않는 것처럼

*2024년 甲辰年 11월 11일 겨울의 길목에서

그 고개에는 지금도 토끼가 살고 있을까

찬바람이 얼굴을 사정없이 할퀴며
옷 속으로 파고들던 추운 겨울날

나는 동생의 손을 잡고
외갓집으로 가는 재를 넘고 있었지

희끗희끗 남아있는 잔설 위에
잿빛 토끼 한 마리가
눈알을 굴리며 우리를 보고 있었지

우리는 배고픔도 추위도 잊은 채
한참이나 그 토끼와 뛰어 놀았지

동생의 손을 놓은 지도
추운 겨울이 오고 간지도
몇 해인지 아득하기만 한데

그 고개에는 지금도 토끼가 살고 있을까

매서운 북극한파가 휘몰아치는 오늘

나는 인정도 낭만도 메말라 버린
삭막한 빌딩 숲길을 걸으며

그 겨울 그 고갯마루 토끼를 향해
길고 긴 추억의 안부 편지를 쓴다

*2024년 甲辰年 1월 25일 추운 겨울날 길을 걸으며

4군자 梅蘭菊竹 — 대나무 竹

집 뒤란의 대나무 숲에서는
이따금씩 소리가 난다
바람소리 같기도 하고
우는 소리 같기도 하고
신비하고 기이한 소리가 난다

어린 시절 나는
대나무 숲속으로 들어가는 걸
무척이나 싫어했다
그 차가운 엄격함을 두려워했다

그러나 지금은 안다
대숲을 스치는 바람소리의 의미와
그 소리가 남기고 간
무념무상無念無想 무장무애無障無礙 의
가르침을 새길 줄 안다

유연함으로 갈등과 타협하고
강인함으로 불의를 배척하고
고요와 침묵의 지혜로써

어지러운 세상사를 제도하는
준엄한 죽비소리를 즐겨 듣는다

*2023년 12월 20일 분열의 시대를 보며

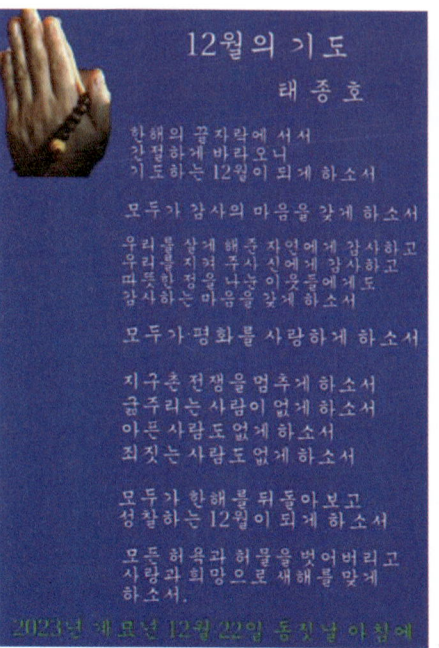

가을 전령(傳令)
태종호

지루한 장마와 개구리 울음소리
열대야 속 별똥별의 낭만
한바탕 꿈처럼 사라져 간 자리에

가로수 매미들 합창소리는
분초를 다투는 절박감이 묻어나고
풀벌레소리 애잔하게 들린다.

비탈진 골목길 허름한 담장 위에는
노오란 호박꽃이 활짝 웃으며
날 보란듯 앉아 있고

참새 떼들은 새하얀 창공을
마음껏 휘젓고 다니면서
가을 전령이 된 것을 뽐내고 있는데

저녁노을 그윽해지는 공원 화단에
철없이 일찍 핀 코스모스 두 송이가
가녀린 몸짓으로 흔들리고 있다.

2023년 계묘년 8월21일 초가을 산책길에

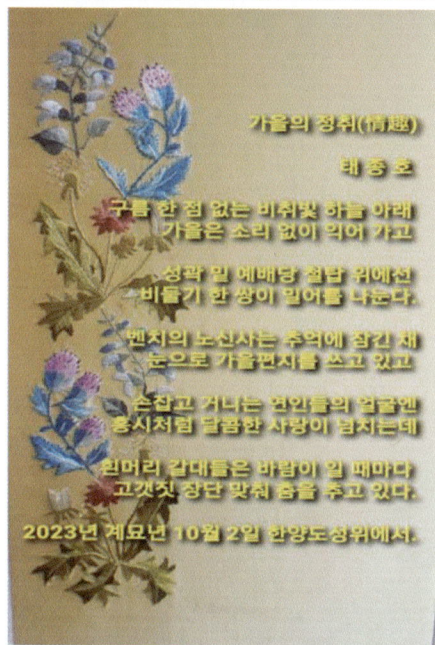

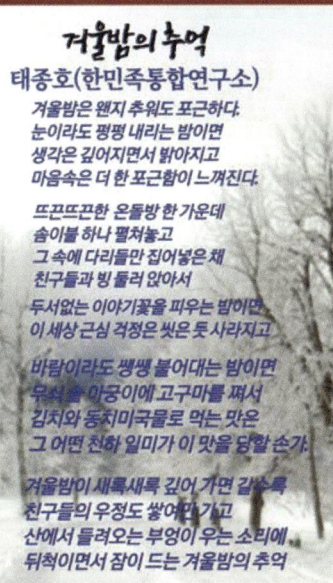
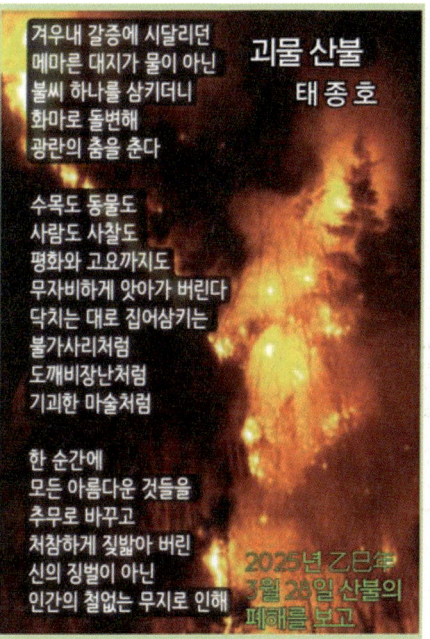
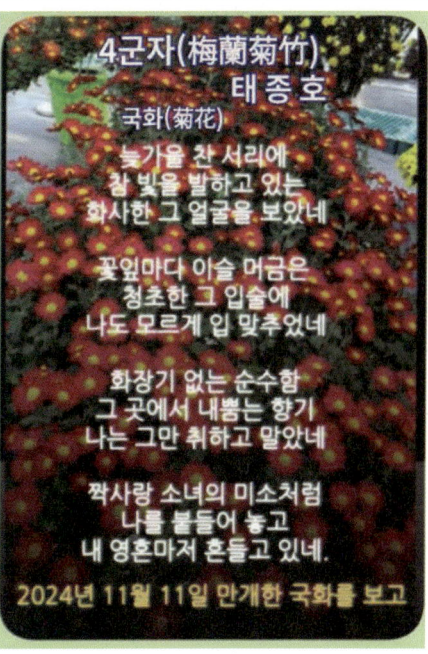

그 고개에는 지금도 토끼가 살고 있을까
태종호

찬바람이 얼굴을 사정없이 할퀴며
옷 속으로 파고들던 추운 겨울날

나는 동생의 손을 잡고
외갓집으로 가는 재를 넘고 있었지

희끗희끗 남아있는 잔설 위에
샛빛 토끼 한 마리가
눈알을 굴리며 우리를 보고 있었지.

우리는 배고픔도 추위도 잊은 채
한참이나 그 토끼와 뛰어 놀았지

동생의 손을 놓은 지도
추운 겨울이 오고 간지도
몇 해인지 아득하기만 한데

그 고개에는 지금도 토끼가 살고 있을까

매서운 북극한파가 휘몰아치는 오늘
나는 인정도 낭만도 메말라 버린
삭막한 빌딩 숲 길을 걸으며

그 겨울 그 고갯마루 토끼를 향해
길고 긴 추억의 안부 편지를 쓰고 갔다.

2024년 甲辰年 1월 25일 추운 겨울 날을 걸으며

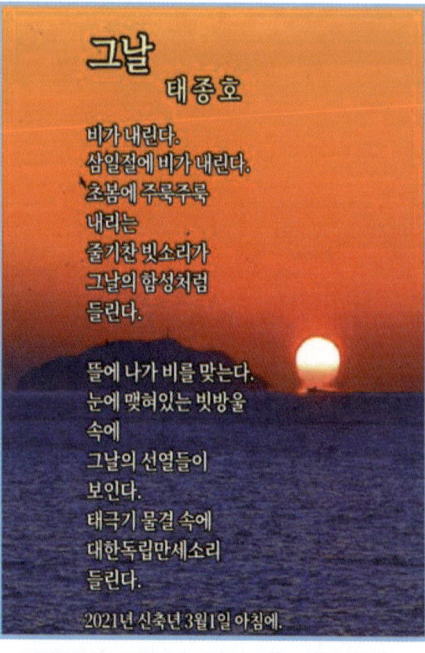

그날
태종호

비가 내린다.
삼일절에 비가 내린다.
초봄에 주룩주룩
내리는
줄기찬 빗소리가
그날의 함성처럼
들린다.

뜰에 나가 비를 맞는다.
눈에 맺혀있는 빗방울
속에
그날의 선열들이
보인다.
태극기 물결 속에
대한독립만세소리
들린다.

2021년 신축년 3월 1일 아침에.

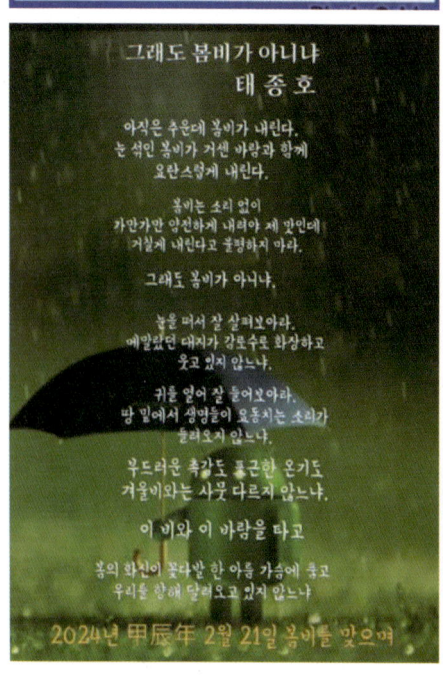

그래도 봄비가 아니냐
태종호

아직은 추운데 봄비가 내린다.
눈 섞인 봄비가 거센 바람과 함께
요란스럽게 내린다.

봄비는 소리 없이
차분하게 얌전하게 내려야 제 맛인데
거칠게 내린다고 불평하지 마라.

그래도 봄비가 아니냐.

눈을 떠서 잘 살펴보아라.
메말랐던 대지가 강호수로 환장하고
웃고 있지 않느냐.

귀를 열어 잘 들어보아라.
땅 밑에서 생명들이 요동치는 소리가
들려오지 않느냐.

부드러운 촉감도 품근한 온기도
겨울비와는 사뭇 다르지 않느냐.

이 비와 이 바람을 타고

봄의 화신이 꽃다발 한 아름 가슴에 품고
우리를 향해 달려오고 있지 않느냐

2024년 甲辰年 2월 21일 봄비를 맞으며

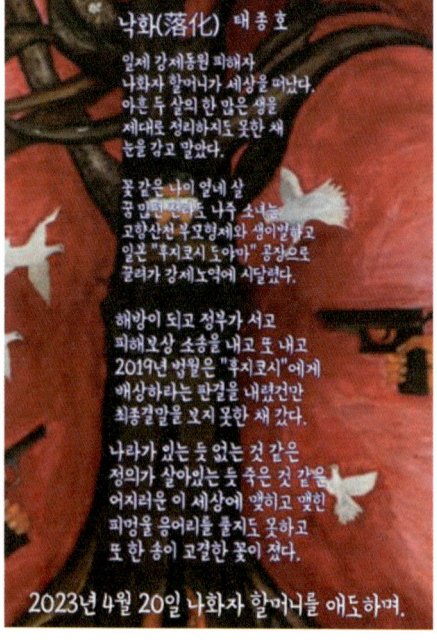

낙화(落化)
태종호

일제 강제동원 피해자
나화자 할머니가 세상을 떠났다.
아흔 두 살의 한 많은 생을
제대로 정리하지도 못한 채
눈을 감고 말았다.

꽃 같은 나이 열세 살
꿈 많던 소녀는 나주 소녀는
고향산천 부모형제와 생이별하고
일본 "후지코시" 공장으로
끌려가 강제노역에 시달렸다.

해방이 되고 정부가 서고
피해보상 소송을 내고 또 내고
2019년 법원은 "후지코시"에게
배상하라는 판결을 내렸건만
최종결말을 보지 못한 채 갔다.

나라가 있는 듯 없는 것 같은
정의가 살아있는 듯 죽은 것 같은
어지러운 이 세상에 맺히고 맺힌
피멍울 응어리를 풀지도 못하고
또 한 송이 고결한 꽃이 졌다.

2023년 4월 20일 나화자 할머니를 애도하며

낙화를 보며
태 종 호

꽃들이 지누나.
그리도 곱던 봄꽃들이 지누나.
매화도 목련도 벚꽃도 개나리도
하염없이 지누나.

꽃들이 지고 나니
청청하게 빛나는 잎들이 보이누나.
꽃향기에 취하고 꽃 색깔에 눈멀어
못 본 이파리가 반짝반짝 빛나누나.

매혹의 꽃들은
잠깐의 화려함 뒤로 사라지나
저 푸른 잎들은 울울창창 자랄지니
뉘라서 음지 양지 구분하려 하는가.

2023년 4월 10일 공원산책길에.

내 사랑 목련화
태 종 호

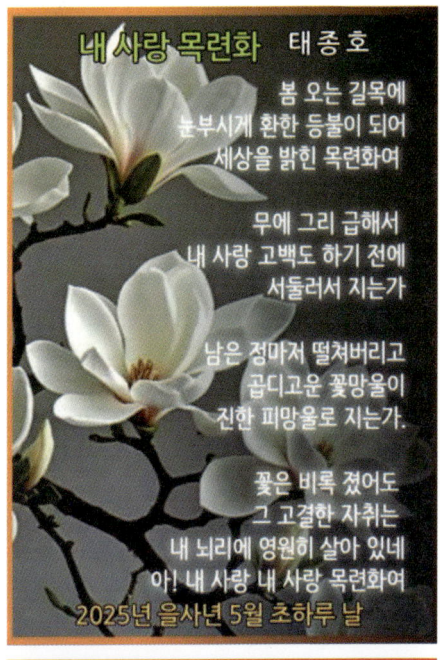

봄 오는 길목에
눈부시게 환한 등불이 되어
세상을 밝힌 목련화여

무에 그리 급해서
내 사랑 고백도 하기 전에
서둘러서 지는가

남은 정마저 떨쳐버리고
곱디고운 꽃망울이
진한 피망울로 지는가.

꽃은 비록 졌어도
그 고결한 자취는
내 뇌리에 영원히 살아 있네
아! 내 사랑 내 사랑 목련화여

2025년 을사년 5월 초하루 날

네발 걷기
태종호

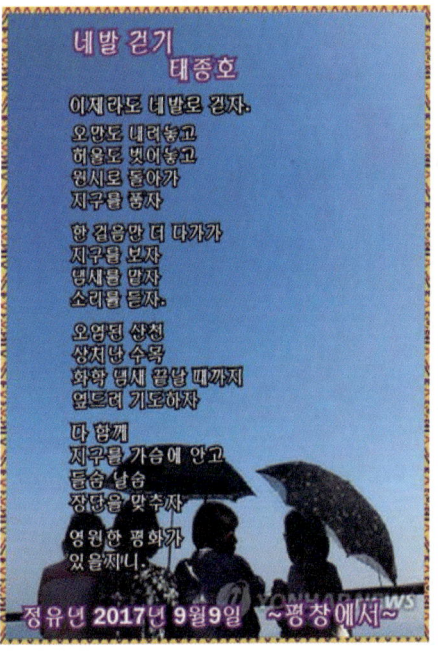

이제라도 네발로 걷자.
오만도 내려놓고
허울도 벗어놓고
원시로 돌아가
지구를 품자

한 걸음만 더 다가가
지구를 보자
냄새를 맡자
소리를 듣자.

오염된 산천
상처 난 수목
화학 냄새 끝날 때까지
엎드려 기도하자

다 함께
지구를 가슴에 안고
들숨 날숨
장단을 맞추자
영원한 평화가
올지니.

정유년 2017년 9월 9일 ~평창에서~

눈꽃세상
태종호

눈이 내리네
새털처럼 가벼운 눈이
꽃잎처럼 내리네.

얼굴에도 손등에도
온몸을 어루만지며
반갑다 인사를 하네.

눈이 내리네.
날개도 없는 눈이
춤을 추며 내리네.

갈 곳을 안다는 듯
내리자마자
제자리를 찾아앉네.

눈이 내리네.
솜털 같은 하얀 눈이
소리도 없이 내리네.

내리는 눈은 순백의
꽃송이가 되어
꽃세상을 만들었네.

2023년 12월 25일 눈 오는 날 아침에

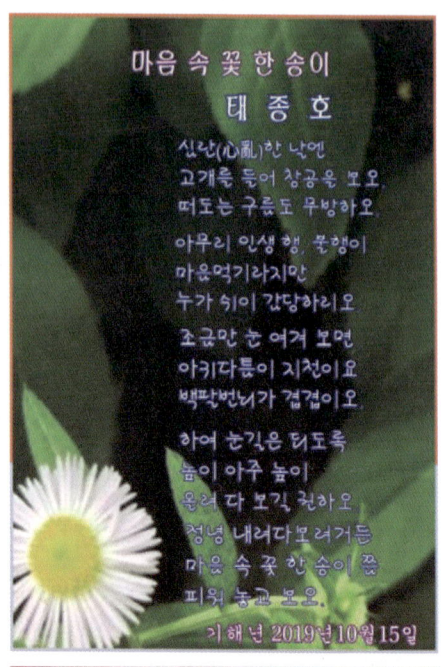
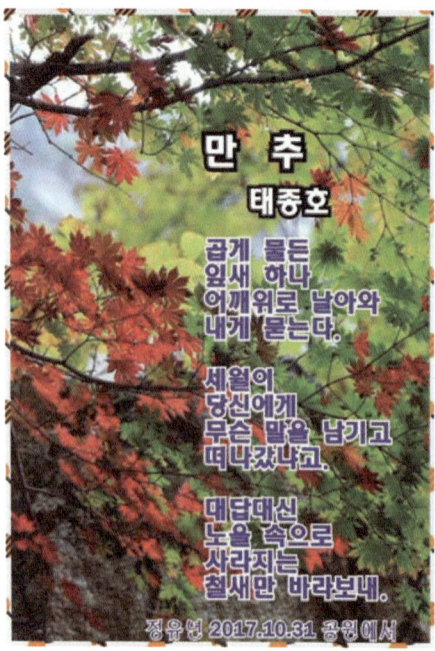
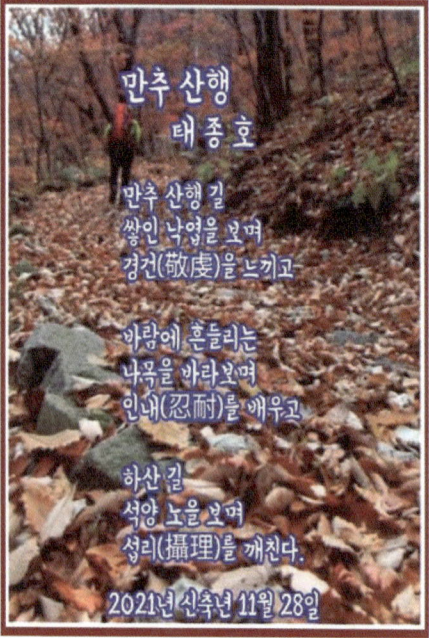

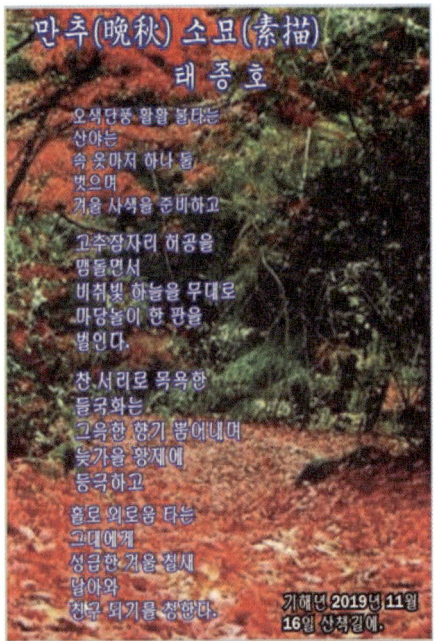

만추(晩秋) 소묘(素描)
태종호

오색단풍 활활 타는
산야는
속옷마저 하나 둘
벗으며
겨울 사색을 준비하고

고추잠자리 허공을
맴돌면서
비취빛 하늘을 무대로
마당놀이 한 판을
벌인다.

찬 서리로 목욕한
들국화는
그윽한 향기 뿜어내며
늦가을 황제에
등극하고

홀로 외로움 타는
그대에게
성급한 겨울 철새
날아와
천부 되기를 청하네.

기해년 2019년 11월
16일 산책길에.

만추(晩秋)의 오죽헌(烏竹軒)
태종호

늦가을 가랑비가 내리는 오죽헌에서
수 백 년 뿌리 내려 지켜 온
오죽(烏竹)을 보았네

대관령 아혼 아홉 고개
맑은 정기 받은 오죽헌 내실에는
아직도 서기(瑞氣)가 어린 듯 하고

동해바다 들어 영배한다는
몽룡실(夢龍室) 에는
뭇 사람들의 경배(敬拜)가 이어지는데

사임당은 단아한 모습으로 앉아
내방객을 맞으시네

율곡은 평생 내 평생 스승은
어머니라 칭하였고
사임당은 아들에게
모전자승(母傳子承)의 본을
보이시었네

어머니는 시서화(詩書畵)로
하늘을 학문으로 일세를 풍미하였고
아들의 부유의 학문은
지갑 속에 넣고 다녔네.

2024년 甲辰年 11월 5일 강릉오죽헌에서.

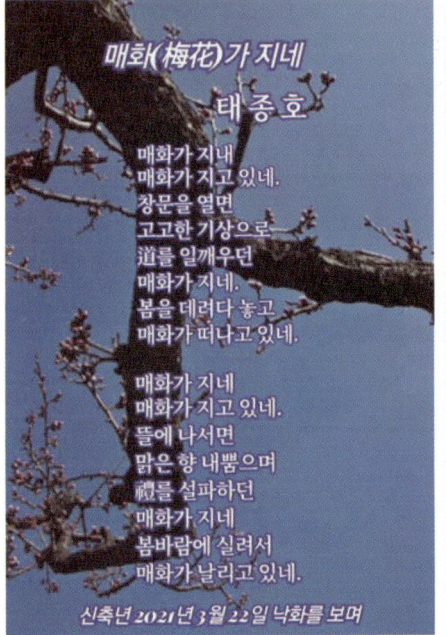

매화(梅花)가 지네
태종호

매화가 지네
매화가 지고 있네.
창문을 열면
고고한 기상으로
道를 일깨우던
매화가 지네.
봄을 데려다 놓고
매화가 떠나고 있네.

매화가 지네
매화가 지고 있네.
뜰에 나서면
맑은 향 내뿜으며
禮를 설파하던
매화가 지네.
봄바람에 실려서
매화가 날리고 있네.

신축년 2021년 3월 22일 낙화를 보며

민들레의 꿈
태종호

무심코 오고가는
마을어귀 길섶에서
민들레가 손짓하네

발걸음도 조심하고
주변도 살피라며
웃음으로 말을 하네

넓게 뻗은 이파리는
큰 꿈을 꾸라하고

가이 없는 낮은 자세
섭리대로 살라하네

무술년 2018년 4월 18일

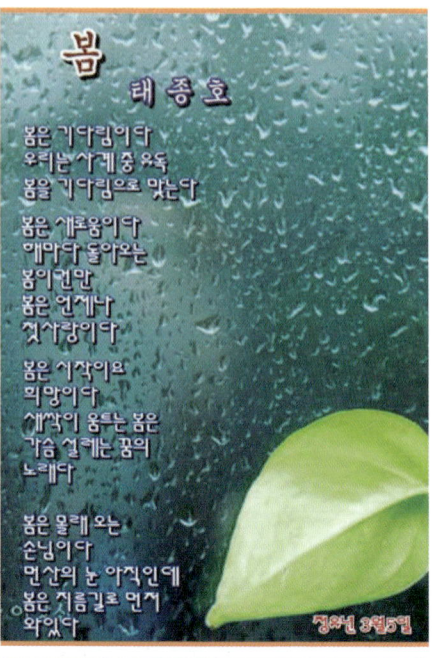
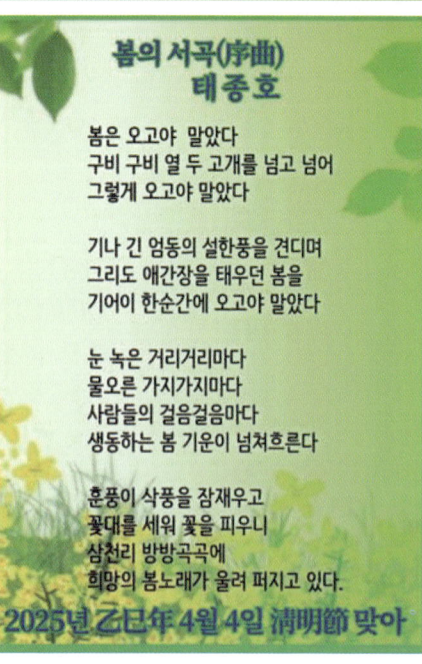

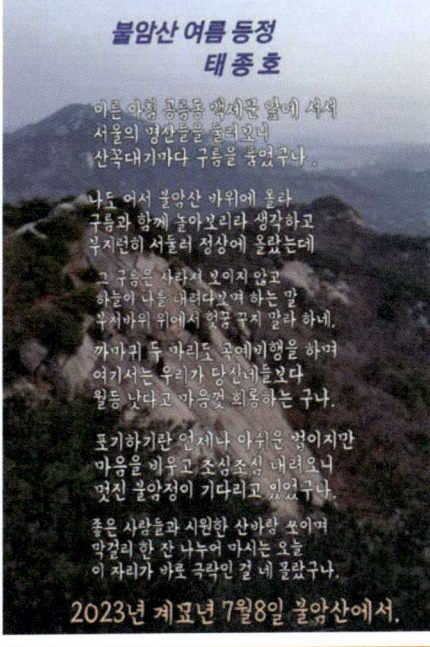

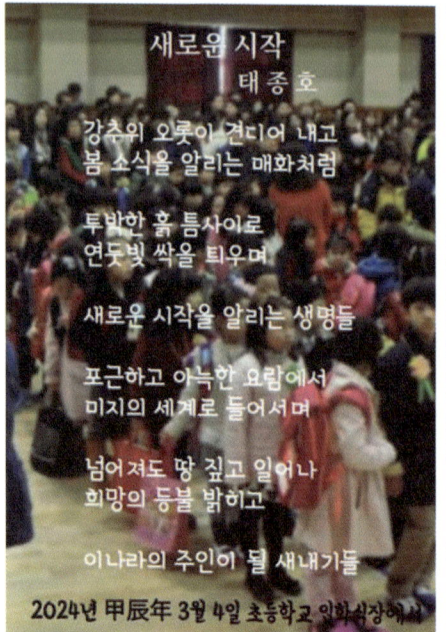

순천만의 여름   태종호

물안개 자우룩한
짙초록 들녘
막 뿌리를 내린 벼들은
엄마젖 빠는 아기처럼
마음껏 영양분을 흡수하고

산들바람 부는 들판에
고고한 황새 한 마리가
제왕이나 된 것처럼
긴 목 치켜들며
거드름을 피운다

무성한 갈대밭 사이로
마실 나온 짱뚱어는
살찐 몸을
요리조리 뒤틀며
일광욕을 즐기는데

조계산 자락에
나란히 자리 잡은
송광사와 선암사엔
천 년 전 염불소리가
오늘인 듯 들린다.

경자년 2020년 6월12일 순천만에서

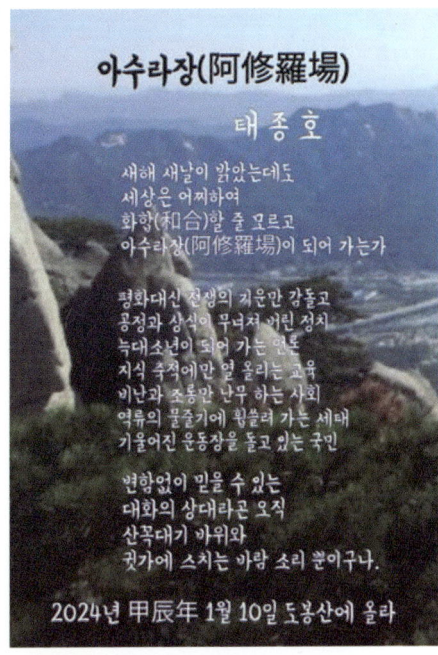

아수라장(阿修羅場)

태종호

새해 새날이 밝았는데도
세상은 어찌하여
화합(和合)할 줄 모르고
아수라장(阿修羅場)이 되어 가는가

평화대신 전쟁의 기운만 감돌고
공정과 상식이 무너져 어린 정치
늑대소년이 되어 가는 언론
지식 축적에만 열 올리는 교육
비난과 조롱만 난무 하는 사회
역류의 물줄기에 휩쓸려 가는 세대
기울어진 운동장을 돌고 있는 국민

변함없이 믿을 수 있는
대화의 상대라곤 오직
산꼭대기 바위와
귓가에 스치는 바람 소리 뿐이구나.

2024년 甲辰年 1월 10일 도봉산에 올라

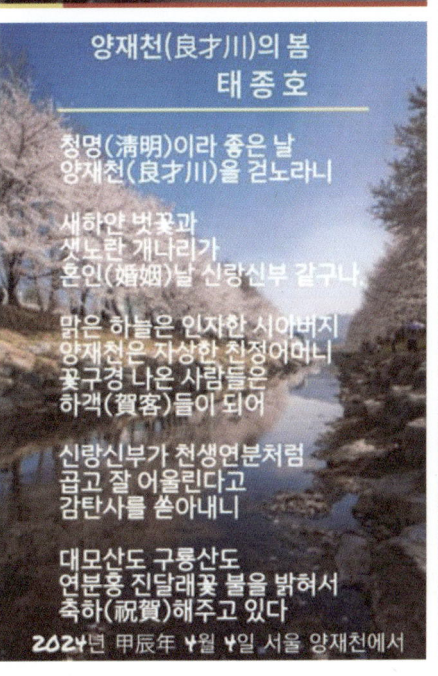

양재천(良才川)의 봄
태종호

청명(淸明)이라 좋은 날
양재천(良才川)을 걷노라니

새하얀 벚꽃과
샛노란 개나리가
혼인(婚姻)날 신랑신부 같구나.

맑은 하늘은 인자한 시아버지
양재천은 자상한 친정어머니
꽃구경 나온 사람들은
하객(賀客)들이 되어

신랑신부가 천생연분처럼
곱고 잘 어울린다고
감탄사를 쏟아내니

대모산도 구룡산도
연분홍 진달래꽃 불을 밝혀서
축하(祝賀)해주고 있다

2024년 甲辰年 4월 4일 서울 양재천에서

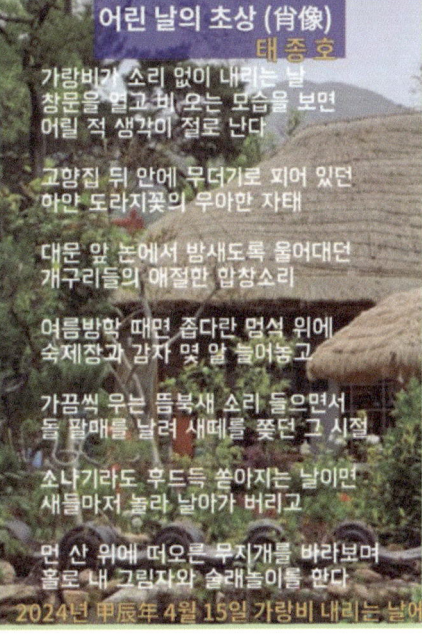

어린 날의 초상 (肖像)
태종호

가랑비가 소리 없이 내리는 날
창문을 열고 비 오는 모습을 보면
어릴 적 생각이 절로 난다

고향집 뒤 안에 무더기로 피어 있던
하얀 도라지꽃의 우아한 자태

대문 앞 논에서 밤새도록 울어대던
개구리들의 애절한 합창소리

여름방학 때면 좁다란 멍석 위에
숙제장과 감자 몇 알 늘어놓고

가끔씩 우는 뜸북새 소리 들으면서
돌 팔매를 날려 새떼를 쫓던 그 시절

소나기라도 후드득 쏟아지는 날이면
새들마저 놀라 날아가 버리고

먼 산 위에 떠오른 무지개를 바라보며
홀로 내 그림자와 술래놀이를 한다

2024년 甲辰年 4월 15일 가랑비 내리는 날에

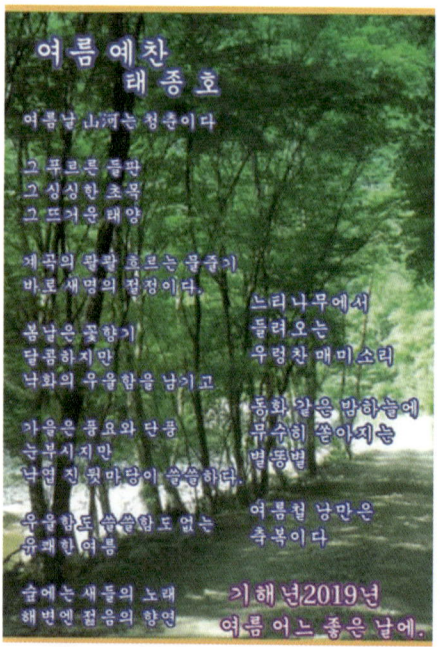
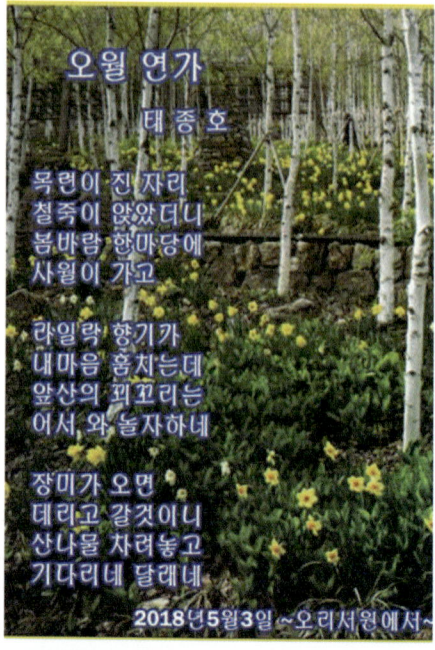

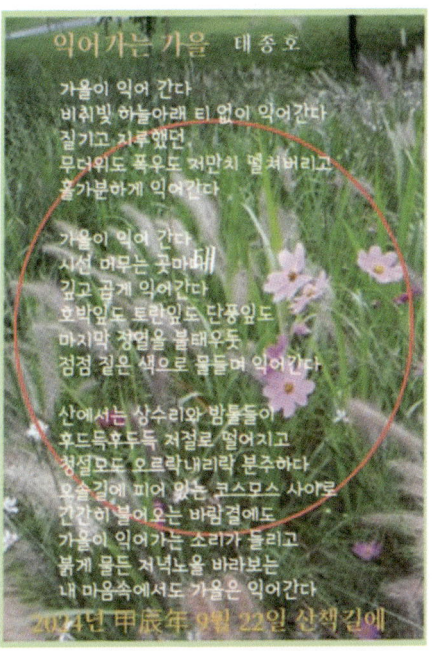
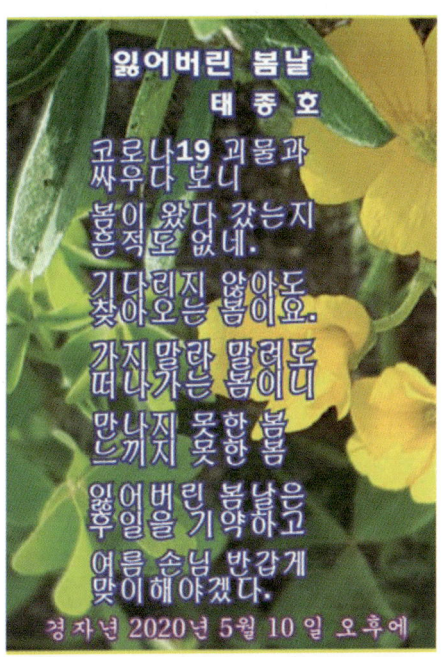
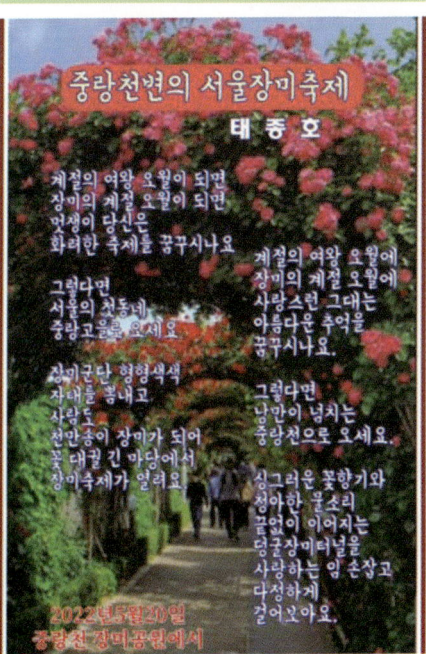
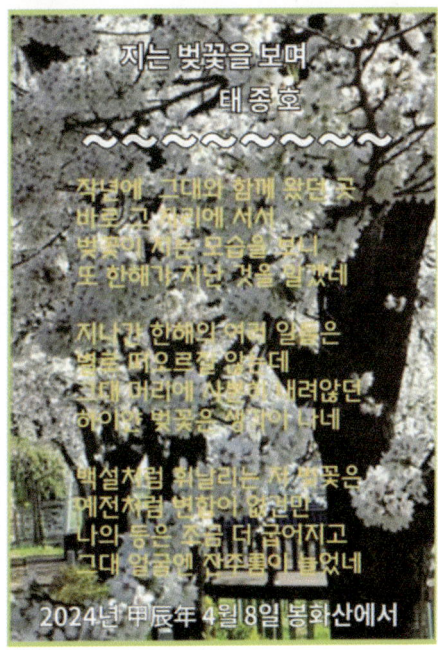

청풍호의 정취
태종호

안개낀 청풍호반에서
봉황의 날개 타고 비봉산에 오르니
내려다 보이는 청산과 호수가
한 폭의 그림처럼 아름다운데
중천에 떠있는 하얀 낮달이
미소 지으며 마중을 하니
내가 오늘 하루
이세상 제일의 귀빈이 되었네
백옥같은 유람선에 올라
선수를 가까이서 바라다보니
바위들은 아늑한 병풍과 같고
푸른 숲들은 늠름한 병정같은데

새들은 푸른숲 위에 올라 앉아
청산과 호수를 노래하다가
스쳐 지나가는 바람을 향해
잠시 쉬어가라고 유혹을 하니
바람도 청산에 안긴 채 잠이 들어
청풍명월(淸風明月)이 모였는데
하늘의 달도 호수의 물결도
행여 바람이 깰세라
구름속으로 물속으로 서둘러 숨는다

2024년 10월 12일 제천 청풍호반에서

초겨울 단상
태종호

긴 밤 내린 찬 서리에
국화 향기는 짙어 가고

여름 철새 떠난 자리엔
겨울 철새가 앉아 있네.

나무들은 옷을 벗는데
사람들은 옷을 껴입고

감나무에 매달려 있는
까치밥 세 개 바라보며

어느새 훌쩍 가버린
세월의 흔적 떠올리네.

2022년 임인년 11월 10일 겨울을 맞으며

추석(秋夕) 월광(月光)
태종호

한가위 둥근 달빛
밝기도 하다

구름 속에 숨었다가
얼굴 내밀면

천사인 듯 연인인 듯
가슴이 뛴다

저 거룩한 빛은
천하를 품고 있는데

아! 우리의 빛은
누굴 감싸 안을까

2023년 계묘년 한가위 날 밤에

사랑
태종호

초록 풀잎 위에 이슬
한 방울
투명한 눈물로
앉아있다

가여린 잎 새마다
넉넉히 적셨건만
행여나 목마를까
떠나지를 못한다

햇볕 뜨거워지면
증발되는
내 어머니처럼

무술년 2018년 5월 24일 아침에

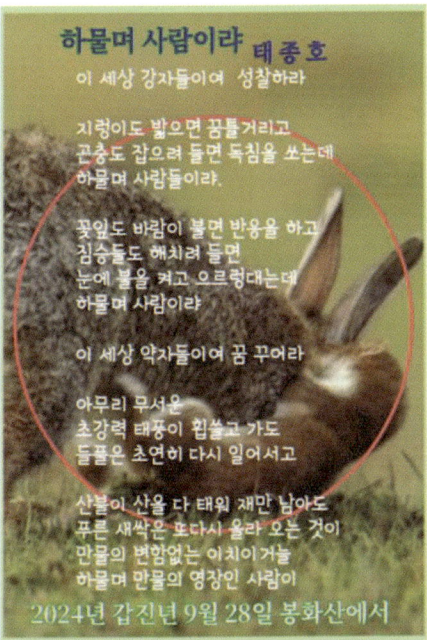
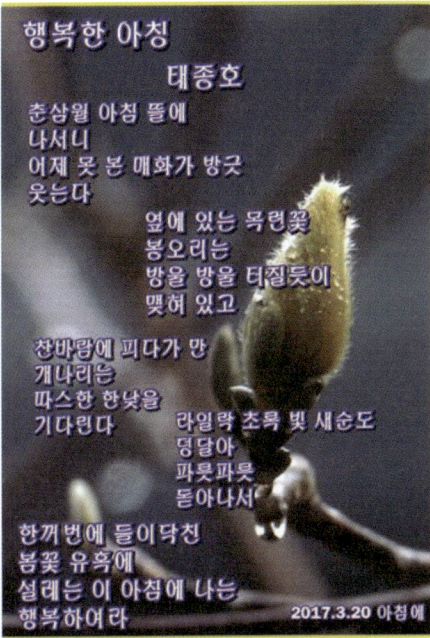

하물며 사람이랴
태종호

이 세상 강자들이여 성찰하라

지렁이도 밟으면 꿈틀거리고
곤충도 잡으려 들면 독침을 쏘는데
하물며 사람들이랴.

꽃잎도 바람이 불면 반응을 하고
짐승들도 해치려 들면
눈에 불을 켜고 으르렁대는데
하물며 사람이랴

이 세상 약자들이여 꿈 꾸어라

아무리 무서운
초강력 태풍이 휩쓸고 가도
들풀은 초연히 다시 일어서고

산불이 산을 다 태워 재만 남아도
푸른 새싹은 또다시 올라 오는 것이
만물의 변함없는 이치이거늘
하물며 만물의 영장인 사람이.

2024년 갑진년 9월 28일 봉화산에서

행복한 아침
태종호

춘삼월 아침 뜰에
나서니
어제 못 본 매화가 방긋
웃는다

옆에 있는 목련꽃
봉오리는
방울 방울 터질듯이
맺혀 있고

찬바람에 피다가 만
개나리는
따스한 한낮을
기다린다

라일락 초록 빛 새순도
덩달아
파릇파릇
돋아나서

한꺼번에 들이닥친
봄꽃 유혹에
설레는 이 아침에 나는
행복하여라

2017.3.20 아침에

춘래불사춘(春來不似春)
태종호

회뿌연 미세먼지가 시야를 가려
청명한 하늘을 볼 수가 없고
화려한 감언이설만 난무분하니
진실의 소리를 들을 수 없고
날이 갈수록 자극적 냄새만 뿜어 대니
본래의 향기를 찾을 수가 없고
온갖 양념들이 뒤섞인 탓에
오래된 깊은 맛을 느낄 수가 없으니

이목구비가 달려 있어도
어찌 제구실을 할 수가 있으리오

봄이 언제 어떻게 왔는지
금강에 꽃은 얼마나 피었는지
동해의 일출은 그대로 찬란한지
개천의 물 흐르는 소리
새들의 정겨운 지저귐마저도
선명함이 사라지고
허공 속 메아리처럼 맴돌고만 있으니

계절은 분명 봄이 되었건만
한반도의 봄은 아직도 기약이 없네.

2024년 대辰年 3월 30일 안개 낀 봄날에

풀벌레 소리
태종호

한 번쯤 귀 기울여
풀벌레 소리를
들어보라.

이 맑고 고운 가을 날

저리도 구슬프게
밤새워 울고 있는
절절한 소리를
들어보라.

만고의 이치가
맞는 것은 맞고
틀린 것은 틀린 것인데

언제 부턴가
맞는 것을 틀렸다 하고
틀린 것을 맞았다 하니

그게
아니라고 우는 것이오.

한 뱃속 형제들이
두 쪽으로 갈라져

눈도 막고 귀도 닫고
싸우고만 있으니
서글퍼서 우는 것이다.

형제들이여!
이 맑고 고운 가을 날

저리도 슬피 울어대는
풀벌레 소리 한 번
들어보라.

기해년 2019년 10월 가을밤에.

동행사계

지은이 / 태종호
발행인 / 김영란
발행처 / **한누리미디어**
디자인 / 지선숙

08303, 서울시 구로구 구로중앙로18길 40, 2층(구로동)
전화 / (02)379-4514
Fax / (02)379-4516
E-mail/hannury2003@daum.net

신고번호 / 제 25100-2016-000025호
신고연월일 / 2016. 4. 11
등록일 / 1993. 11. 4

초판발행일 / 2025년 9월 25일

ⓒ 2025 태종호 Printed in KOREA

값 **20,000**원

※잘못된 책은 바꿔드립니다.
※저자와의 협약으로 인지는 생략합니다.

ISBN 978-89-7969-907-4 03810